Dr. Christian Rauda /

Dr. Jochen Zenthöfer

25 Fälle

Staatsrecht

(Staatsorganisationsrecht)

Staatsorganisationsrecht in Fällen

Das vorliegende Buch ist ein **Fall-Kompendium** zum **Staatsorganisationsrecht**. Damit lernen Sie, Ihre Abschlussklausuren gut zu bestehen. Die typischen Konstellationen unserer Fälle werden immer wieder abgeprüft.

Als allgemeine Lehrbuch-Einführung in die Gesamtmaterie empfehlen wir den **Juristischen Grundkurs „Staatsorganisationsrecht"**, ISBN 978-3-935150-18-7 (Richter Verlag).

Wir erbitten Kritik und Anregungen an Email: autoren@rauda-zenthoefer.de

Christian Rauda   *Jochen Zenthöfer*

Dr. Christian Rauda ist Rechtsanwalt in Hamburg und Lehrbeauftragter verschiedener Hochschulen, u.a. der Johannes-Gutenberg-Universität Mainz.

Dr. Jochen Zenthöfer ist Rechtsassessor, hat zum Staatsorganisationsrecht promoviert und ist in Luxemburg tätig.

COPYRIGHT: Richter-Verlag
           Hans-Peter Richter
           Paul-Schroeder-Straße 18
           24229 Dänischenhagen
           Tel. 04349-1725
           Fax 04349-571
           e-mail: RICHTER-VERLAG@t-online.de
           www.Richter-Verlag.de

Druck und Verarbeitung: Druckerei Schmidt & Klaunig, Kiel

Weitere Bücher dieser Reihe sind erhältlich über den Buchhandel oder direkt vom Verlag.

4. Auflage 2014

ISBN 978-3-935150-77-4

Staatsorganisationsrecht in Fällen

01 Rechte der Fraktionen und Abgeordneten I   4
Organstreit, Begriff Fraktion, Fraktionsausschluss, Parteiausschluss

02 Rechte der Fraktionen und Abgeordneten II   10
Organstreit, Immunität, Organtreue, Rechtsstaatsprinzip

03 Rechte der Fraktionen und Abgeordneten III   14
Organstreit, fraktionslose Abgeordnete und ihre Rechte

04 Rechte der Fraktionen und Abgeordneten IV   17
Organstreit, Art. 38 GG, Vertrauensfrage, Merkmal „instabile Lage"

05 Rechte der Fraktionen und Abgeordneten V   22
Fraktionsgemeinschaft von zwei Parteien, Wegfall Fraktionsstatus

06 Rechte der Fraktionen und Abgeordneten VI   25
Einstweilige Anordnung, Probleme beim Untersuchungsausschuss

07 Rechte der Fraktionen und Abgeordneten VII   30
Gesetzgebungsverfahren, Umlaufverfahren, Beschlussfähigkeit

08 Verordnungskompetenz   34
Art. 80 GG: Typische Klausurprobleme bei Verordnungen

09 Wahlen, Abstimmungen und Parteien I   39
Wahlprüfungsverfahren, Fünf-Prozent-Hürde, Erst- und Zweitstimme

10 Wahlen, Abstimmungen und Parteien II   43
Abstrakte Normenkontrolle, Überhangmandate, Grundmandate

11 Wahlen, Abstimmungen und Parteien III   49
Möglichkeit der Einführung einer Wahlpflicht auf Bundesebene

12 Gesetzgebungsverfahren I   53
Abstrakte Normenkontrolle, Zustimmung des Bundesrates

13 Gesetzgebungsverfahren II   58
Prüfungsrecht des Bundespräsidenten, Kompetenz Terrorabwehr

14 Gesetzgebungsverfahren III 61
Geschriebene und ungeschriebene Gesetzgebungskompetenzen

15 Außenpolitik 67
Konkrete Normenkontrolle, Kompetenzen in der Außenpolitik

16 Finanzverfassung 71
Abgrenzung Steuer / Sonderabgaben, Erforderlichkeitsklausel

17 Demokratie & Rechtstaat I 75
Abstrakte Normenkontrolle, Verfassungsänderung, Wesentlichkeit

18 Demokratie & Rechtstaat II 79
Klausurrelevante Fragen zur Rückwirkung von Gesetzen

19 Demokratie & Rechtstaat III 83
Abstrakte Normenkontrolle, Volksabstimmungen, Staatsvolk

20 Verwaltung I 89
Bund-Länder-Streit, Weisungen vom Bund an die Länder

21 Verwaltung II 94
Bund-Länder-Streit, Grundsatz des bundesfreundlichen Verhaltens

22 Parteiverbot 99
Begriff der Partei, Freiheitlich Demokratische Grundordnung

23 Staatssymbole 104
Organstreit, Nationalhymne, Gegenzeichnung Bundespräsident

24 Staatszusammenschluss 111
Einstweilige Anordnung gegen eine Vereinigung von Staaten

25 Abstimmungsverhalten im Bundesrat 114
(sog. Brandenburg-Fall, immer wieder gerne geprüft)

FÄLLE

zum

STAATSORGANISATIONSRECHT

ORGANSTREIT-VERFAHREN

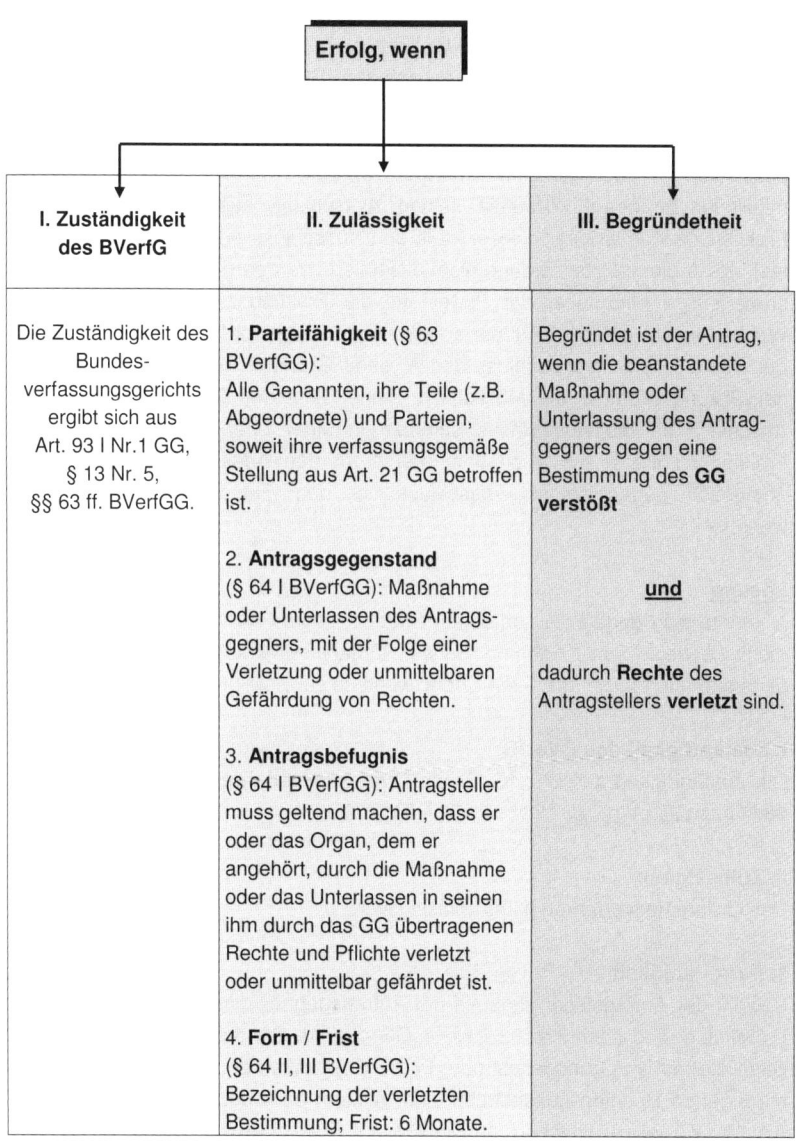

Erfolg, wenn

I. Zuständigkeit des BVerfG	II. Zulässigkeit	III. Begründetheit
Die Zuständigkeit des Bundesverfassungsgerichts ergibt sich aus Art. 93 I Nr.1 GG, § 13 Nr. 5, §§ 63 ff. BVerfGG.	1. **Parteifähigkeit** (§ 63 BVerfGG): Alle Genannten, ihre Teile (z.B. Abgeordnete) und Parteien, soweit ihre verfassungsgemäße Stellung aus Art. 21 GG betroffen ist.	Begründet ist der Antrag, wenn die beanstandete Maßnahme oder Unterlassung des Antraggegners gegen eine Bestimmung des **GG verstößt**
	2. **Antragsgegenstand** (§ 64 I BVerfGG): Maßnahme oder Unterlassen des Antragsgegners, mit der Folge einer Verletzung oder unmittelbaren Gefährdung von Rechten.	**und**
		dadurch **Rechte** des Antragstellers **verletzt** sind.
	3. **Antragsbefugnis** (§ 64 I BVerfGG): Antragsteller muss geltend machen, dass er oder das Organ, dem er angehört, durch die Maßnahme oder das Unterlassen in seinen ihm durch das GG übertragenen Rechte und Pflichte verletzt oder unmittelbar gefährdet ist.	
	4. **Form / Frist** (§ 64 II, III BVerfGG): Bezeichnung der verletzten Bestimmung; Frist: 6 Monate.	

Sachverhalt

A ist Abgeordneter der A-Fraktion im Deutschen Bundestag. In den Medien tritt er oft auf und äußert sich häufig kritisch zum Standpunkt seiner Partei in der Außenpolitik. A sagte einer Zeitung auf Nachfrage, dass es in seiner Fraktion nur „ahnungslose Hornochsen" gebe, die in Sachen Russland/Krim-Politik ausschließlich „Schwachsinn" vertreten würden. Ein Viertel der Fraktionsmitglieder beantragt daraufhin seinen Ausschluss aus der Fraktion beim Fraktionsgeschäftsführer. Dieser stellt den Ausschluss des A aus der Fraktion fest. Als A diese Entscheidung nicht akzeptiert, werden die Fraktionsmitglieder sowie einige Mitarbeiter der Partei und der Fraktion zu einer Sitzung zwei Wochen später geladen. Auf der angekündigten Tagesordnung findet sich auch der Punkt „Fraktionsausschluss des A" samt Gründen für den Ausschluss. In der Sitzung erhält A die Möglichkeit, seine Sicht der Dinge darzulegen. Im Anschluss an die Aussprache stimmen in einer offenen Abstimmung alle Fraktionsmitglieder mit Ausnahme des A für den Ausschluss. Kann sich A erfolgreich gegen seinen Ausschluss vor dem Bundesverfassungsgericht wehren?

Lösung

A könnte sich gegen die von seiner Fraktion gegen ihn verhängte Maßnahme möglicherweise im Rahmen eines Organstreitverfahrens wehren. Das Organstreitverfahren des A hat Erfolg, wenn es zulässig und begründet ist.

I. Zuständigkeit des BVerfG

Die Zuständigkeit des BVerfG für ein Organstreitverfahren ergibt sich aus Art. 93 I Nr. 1 GG i.V.m. §§ 13 Nr. 5, 63 ff. BVerfGG.

II. Zulässigkeit

Das Organstreitverfahren muss zulässig sein.

1. Parteifähigkeit

Sowohl der Antragsteller als auch der Antragsgegner müssen parteifähig sein. Parteifähig sind nach Art. 93 I Nr. 1 GG oberste Bundesorgane oder andere Beteiligte, die im Grundgesetz oder in der Geschäftsordnung des Bundestages mit eigenen Rechten ausgestattet sind. A kann als Abgeordneter Rechte aus Art. 38 GG geltend machen. Im Hinblick auf Fraktionen als Antragsteller eines

Organstreitverfahrens enthalten weder das Grundgesetz noch §§ 63 ff. BVerfGG eine explizite Regelung.

Der Begriff der Fraktion ist in § 10 I 1 GOBT definiert und wird durch §§ 45 ff. AbgG konkretisiert. Die Fraktionen sind notwendige Teile des Verfassungslebens. Eine maßgebliche Vorarbeit zur Entscheidungsfindung im Parlament wird in den Fraktionen geleistet. **Gemäß Art. 53 a I 2 GG sind die Fraktionen im Grundgesetz mit eigenen Rechten ausgestattet.** Rechte erhalten die Fraktionen auch in §§ 10 ff., 102 S. 2 GOBT, wobei die Vorschriften der Geschäftsordnung des Bundestages eine verfassungsgemäße Konkretisierung des GG darstellen. Folglich handelt es sich bei Fraktionen um mit eigenen Rechten ausgestattete Teile des Bundestages nach Art. 93 I Nr.1 GG. Antragsteller und -gegner sind parteifähig.

2. Antragsgegenstand

Es muss ein tauglicher Antragsgegenstand vorliegen. Das ist der Fall, wenn um Rechte oder Pflichten eines obersten Bundesorgans oder anderer Beteiligter gestritten wird, die im Grundgesetz oder der Geschäftsordnung des Bundestages mit eigenen Rechten ausgestattet sind (Art. 93 I Nr.1 GG). Vorliegend wird darum gestritten, ob die A-Fraktion das Recht hatte, A aus der Fraktion auszuschließen. Dies ist ein tauglicher Antragsgegenstand.

3. Antragsbefugnis

A müsste nach Art. 93 I Nr.1 GG, §§ 13 Nr.5, 64 I BVerfGG antragsbefugt sein. Dazu muss er geltend machen können, dass er durch eine Maßnahme des Antragsgegners in ihm vom Grundgesetz garantierten Rechten verletzt oder unmittelbar gefährdet ist. Hier beklagt A, dass er durch den Fraktionsausschluss in seinen von der Verfassung **gewährten Rechten aus Art. 38 I 1 GG verletzt** wird. Der Grundsatz des freien Mandats des Abgeordneten berechtigt jeden Abgeordneten zum Zusammenschluss mit anderen Abgeordneten zu einer Fraktion. Somit macht A eine Verletzungshandlung geltend, er ist mithin antragsbefugt.

4. Form und Frist

Der Antragsteller muss die verletzten Rechtsnormen, hier Art. 38 GG, nennen (§ 64 II BVerfGG). Der Antrag muss schriftlich eingereicht werden (§ 23 I BVerfGG). Ferner muss die Frist von sechs Monaten gemäß § 64 III BVerfGG eingehalten werden.
Ergebnis: Somit ist das Organstreitverfahren des A zulässig.

III. Begründetheit

Das Organstreitverfahren des A ist begründet, soweit sein Ausschluss gegen Bestimmungen des GG verstößt und er dadurch in seinen Rechten aus Art. 38 I 1 GG verletzt ist (§ 67 S. 1 BVerfGG). Dies ist der Fall, wenn das einzuhaltende Verfahren fehlerhaft oder der Ausschluss materiell nicht rechtmäßig war.

Unter welchen Voraussetzungen formeller und materieller Art der Ausschluss aus einer Parlamentsfraktion möglich ist, ist im Grundgesetz oder der Geschäftsordnung des Bundestages **nicht normiert**. § 45 I AbgG regelt, dass sich Mitglieder des Bundestages zu Fraktionen zusammenschließen können und § 45 II AbgG bestimmt, dass die Geschäftsordnung des Bundestages das Nähere regelt. Diese Geschäftsordnung enthält keine Regelungen für den Ausschluss aus der Fraktion, sondern in § 10 nur Regelungen über ihre Bildung.

Man könnte daran denken, die **Regeln über den Parteiausschluss** (§ 10 IV, V PartG) analog auf den Fraktionsausschluss anzuwenden. Dies ist jedoch nicht sinnvoll, da der Zweck der beiden Verfahren sehr unterschiedlich ist. Die politische Natur des Fraktionsausschlusses passt nicht zum justizförmig und stärker rechtlich ausgeprägten Verfahren des Parteiausschlusses.

Ein Ausschluss aus einer Fraktion muss allerdings möglich sein. **Dies ergibt sich im Umkehrschluss aus dem aus Art. 38 GG** entnommenen Argument, dass es der Grundsatz des freien Mandats des Abgeordneten gebietet, dass sich der Abgeordnete mit anderen Abgeordneten **zu einer Fraktion zusammenschließen kann**. Es muss dann auch das Recht geben, sich nicht zusammenzuschließen bzw. einen bereits vollzogenen Zusammenschluss wieder rückgängig zu machen. Mit der Zeit haben die Landesverfassungsgerichte Kriterien entwickelt, bei deren Vorliegen ein Ausschluss aus der Fraktion rechtmäßig ist.

1. Formelle Voraussetzungen des Fraktionsausschlusses

a) Antrag

Es muss ein Antrag auf Ausschluss vorliegen. Vorliegend hat ein Quorum von einem Viertel der Fraktionsmitglieder den Antrag gestellt.

b) Zuständigkeit

Die Entscheidung über einen Fraktionsausschluss darf nur von der Gesamtheit der Fraktionsmitglieder (Fraktionsversammlung) getroffen werden.

aa) Im vorliegenden Fall hat zunächst der Fraktionsgeschäftsführer der A-Fraktion den Ausschluss festgestellt. **Dieser Ausschluss war mangels Zuständigkeit unwirksam.**

bb) Allerdings wurde später eine Sitzung mit allen Fraktionsmitgliedern einberufen. Diese waren zuständig, über den Ausschluss des A abzustimmen. Fraglich ist, wie es sich auswirkt, dass an der Sitzung nicht nur Fraktions-mitglieder, sondern auch Mitarbeiter der Fraktion sowie Mitarbeiter der Partei teilnahmen.

Man könnte vertreten, dass Dritte an der Sitzung nicht teilnehmen dürfen, da sich deren politischer Einfluss auf die Entscheidung der Fraktionsmitglieder auswirken könne. Die Anwesenheit von Mitarbeitern, die nicht Abgeordnete sind, könnte zumindest den „bösen Schein" einer Einflussnahme zur Folge haben. Allerdings haben die Abgeordneten **aufgrund von Art. 38 GG eine starke Stellung, da sie nur ihrem Gewissen verpflichtet sind**. Es besteht insofern nicht die Gefahr, dass die Abgeordneten aufgrund der Anwesenheit Dritter zu einem anderen Abstimmungsverhalten veranlasst werden. Mangels konkreter Regelungen sind die fraktionsinternen Rechtsbeziehungen weit-gehend der Dispositionsfreiheit der Fraktionsmitglieder überlassen. Daher dürfen Dritte teilnehmen, **wenn die Fraktion dies zulässt** (a.A. mit guter Argumentation ebenfalls vertretbar). In jedem Fall ist es anwesenden Dritten verboten, an der Abstimmung teilzunehmen.

c) Verfahren

aa) Einberufung der Sitzung

Zur Fraktionssitzung muss rechtzeitig geladen worden sein. Zwei Wochen reichen insofern aus. Die Abgeordneten sind es durch den normalen parlamentarischen Betrieb gewohnt, rasch zusammenzutreten. Darüber hinaus müssen die Fraktionsmitglieder **wissen**, dass in der Sitzung über den Fraktionsausschluss des A entschieden werden wird. Der Antrag muss auch erkennen lassen, warum ein Mitglied ausgeschlossen werden soll. Die Ladung enthielt eine Tagesordnung, in der eine entsprechende Ankündigung enthalten war.

bb) Rechtliches Gehör des Auszuschließenden

Der Auszuschließende muss in der Sitzung die Möglichkeit erhalten, zu den erhobenen Vorwürfen Stellung zu nehmen. A wurde Gelegenheit gegeben, sich zu äußern. Ob zu den formellen Voraussetzungen auch die **Anwesenheit des Betroffenen** in der Fraktionsversammlung zählt, ist umstritten. Teilweise wird dies für nötig gehalten. Die Gegenansicht lehnt eine Anwesenheitspflicht des Auszuschließenden als formelle Voraussetzung für einen Ausschluss ab, da ansonsten der Auszuschließende einen Ausschluss durch Nichtteilnahme an der Sitzung **verhindern** könnte. Vorliegend kann der Streit dahinstehen, da A anwesend war.

cc) Erforderliche Mehrheit

Für den Ausschluss eines Abgeordneten genügt die einfache Mehrheit der Mitglieder der Fraktion. Der auszuschließende Abgeordnete ist also **mitzuzählen.** Die Fraktionen können intern vereinbaren, dass ein Ausschluss nur mit größerer Mehrheit als der einfachen Mehrheit, also etwa mit Zweidrittelmehrheit oder Dreiviertelmehrheit möglich sein kann. Vorliegend war mangels besonderer Regelungen die einfache Mehrheit ausreichend.

d) Form

Fraglich ist, ob eine bestimmte Form der Abstimmung eingehalten werden muss, insbesondere ob geheim abgestimmt werden muss. Dafür könnte sprechen, dass sich sonst eine Gruppendynamik gegen den Betroffenen entwickeln könnte, die sich schwerer kontrollieren und damit durchsetzen lässt. Dieser höhere Schutz einer **geheimen Abstimmung** dürfe dem Betroffenen nicht vorenthalten werden. Diese Ansicht überzeugt aber nicht, da eine offene Abstimmung zulässig sein muss, **solange keine geheime Abstimmung zwingend vorgeschrieben ist** (Gegenansicht ebenso gut vertretbar). Die Abstimmung war also rechtmäßig.

Der Fraktionsausschluss war daher formell rechtmäßig.

2. Materielle Voraussetzungen des Fraktionsausschlusses

Der Fraktionsausschluss des A war materiell rechtmäßig, wenn ein wichtiger Grund vorliegt. Ein wichtiger Grund ist anzunehmen, wenn das Vertrauensverhältnis der Fraktion mit dem Abgeordneten nachhaltig gestört ist. Ausschlaggebend ist danach, ob den anderen Abgeordneten die **weitere Zusammenarbeit mit dem Betroffenen in der Fraktion nicht mehr zugemutet werden kann.** Die Störung des Vertrauensverhältnisses kann verschiedene Ursachen haben, etwa Verstöße gegen Beschlüsse der Fraktion, Behinderung der parlamentarischen Arbeit sowie Uneinigkeit in Grundsatzfragen. Auch die mangelnde persönliche Integrität kann einen wichtigen Grund für einen Fraktionsausschluss darstellen. Anders als beim Parteiausschluss nach § 10 IV PartG ist es unerheblich, ob der Auszuschließende vorsätzlich handelte.

Fraglich ist, ob der Auszuschließende sein gerügtes Verhalten **wiederholt an den Tag gelegt haben muss oder ob er auch bei einem einmaligen Fehlverhalten** aus der Fraktion ausgeschlossen werden kann. Richtigerweise kommt es ausschließlich auf die **qualitative Störung** des Vertrauensverhältnisses an, also auf den Schweregrad der Beeinträchtigung. Es reicht also auch ein schwerwiegendes einmaliges Fehlverhalten aus. Bei der Beurteilung des Schweregrades eines Verstoßes kommt der Fraktion ein Beurteilungsspielraum zu. Dies wird daraus abgeleitet, dass es sich beim Fraktionsausschluss um eine Entscheidung handelt, bei der auch persönliche Erfahrungen und Eindrücke eine Rolle spielen. Diese Einschätzungen sind rechtlich nur bedingt fassbar und können daher auch nur eingeschränkt überprüft werden.

A äußert sich häufig kritisch in den Medien zur Haltung seiner Partei in Fragen der Russland/Krim-Politik. In dem Interview mit einer Zeitung beleidigt er seine Fraktionskollegen schwer („ahnungslose Hornochsen", etc.). Die Fraktionskollegen halten daher das Vertrauensverhältnis für nachhaltig gestört. Dies ist bei wiederholter öffentlicher Kritik der eigenen Kollegen sowie schweren Beleidigungen nachvollziehbar. Ihnen kann die Zusammenarbeit mit A **nicht mehr zugemutet werden**. Es liegt also ein wichtiger Grund vor [Gegenansicht mit guten Argumenten vertretbar].
Folglich ist der Ausschluss materiell rechtmäßig.

Ergebnis: Das Verfahren ist unbegründet. Es wird keinen Erfolg haben.

Wichtiger Hinweis:
Anhand dieser Lösung sehen Sie bereits im ersten Fall, dass die Begründetheit der Schwerpunkt der Klausur ist. In der Regel macht die Zulässigkeit nur 20 % der Lösungsskizze aus. Halten Sie die Zulässigkeit daher kurz und investieren Sie Zeit in die **Begründetheit**! Hier gibt es die Punkte!

Fall 2

Sachverhalt

A ist Mitglied der B-Fraktion im Deutschen Bundestag und Vorsitzender seiner B-Partei im Land L. Dort finden am 15. Oktober Landtagswahlen statt. Am 1. Oktober teilt die Staatsanwaltschaft dem Bundestagspräsidenten mit, dass sie beabsichtigt, ein Ermittlungsverfahren gegen A einzuleiten. Es bestehe ein Anfangsverdacht der Untreue nach § 266 StGB. Dies ergebe sich aus dem Rechenschaftsbericht des Landesverbandes der B-Partei, dem A vorsteht. Der Bundestagspräsident teilt der Staatsanwaltschaft mit, dass der Bundestag in einem vor einigen Monaten gefällten Beschluss betreffend der Aufhebung der Immunität von Mitgliedern des Bundestages (Anlage 6 zur GOBT) die Durchführung von Ermittlungsverfahren generell genehmigt hat.

Der Bundestag beschließt am 8. Oktober ohne Aussprache und in sofortiger Abstimmung mit der Mehrheit seiner Mitglieder, die vom Amtsgericht beantragte Genehmigung zur Durchsuchung der Wohn- und Büroräume des A sowie der Beschlagnahme dort gefundener Unterlagen zu erteilen. Beides findet am 9. Oktober statt. Die Presse berichtet von den Vorgängen. Die B-Partei verliert daraufhin die Wahlen am 15. Oktober. Einige Monate später wird festgestellt, dass Durchsuchung und Beschlagnahme grundlos waren.

Nun fordert A vom Bundesverfassungsgericht die Feststellung, dass er durch die Genehmigung des Durchsuchungs- und Beschlagnahmebeschlusses vom 8. Oktober durch den Bundestag in seinen Rechten verletzt wurde. Das Verfahren sei benutzt worden, um ihn vor der Landtagswahl gezielt politisch zu beschädigen. Er will deshalb auch festgestellt wissen, dass der Bundestag den Grundsatz der Organtreue verletzt habe, als er mit dem Beschluss nicht wenige Tage bis nach der Landtagswahl wartete. Dazu sei der Bundestag aber verpflichtet gewesen, da ein reiner Anfangsverdacht nicht dazu führen dürfe, dass eine Wahl manipuliert wird.

Wird A mit seinen Begehren Erfolg haben?

Lösung

A könnte sich gegen die Genehmigung des Durchsuchungs- und Beschlagnahmebeschlusses möglicherweise im Rahmen eines Organstreitverfahrens vor dem BVerfG wehren. Das Organstreitverfahren des A hat Erfolg, wenn das BVerfG zuständig ist und das Verfahren zulässig und begründet ist.

I. Zuständigkeit des BVerfG

Die Zuständigkeit des BVerfG für ein Organstreitverfahren ergibt sich aus Art. 93 I Nr. 1 GG i.V.m. §§ 13 Nr. 5, 63 ff. BVerfGG.

II. Zulässigkeit

1. Parteifähigkeit

Sowohl der Antragsteller als auch der Antragsgegner müssen parteifähig sein. Parteifähig sind nach Art. 93 I Nr. 1 GG oberste Bundesorgane oder andere Beteiligte, die im Grundgesetz oder in der Geschäftsordnung des Bundestages **mit eigenen Rechten** ausgestattet sind. A hat als Abgeordneter Rechte aus Art. 38 I GG. Damit ist er parteifähig. Der Bundestag ist ein oberstes Bundesorgan nach Art. 93 I Nr.1 GG. Er ist als Antragsgegner parteifähig.[1]

2. Antragsgegenstand

Es muss ein tauglicher Antragsgegenstand vorliegen. Das ist der Fall, wenn um Rechte oder Pflichten eines obersten Bundesorgans oder anderer Beteiligter gestritten wird, die im Grundgesetz oder der Geschäftsordnung des Bundestages mit eigenen Rechten ausgestattet sind (Art. 93 I Nr.1 GG). Vorliegend wird darum gestritten, ob der Bundestag das Recht hatte, einen **Durchsuchungs- und Beschlagnahmebeschluss** gegen A zu genehmigen und damit seine **Immunität** (Art. 46 II GG) aufzuheben. Dies ist ein tauglicher Antragsgegenstand.

3. Antragsbefugnis

A müsste nach Art. 93 I Nr.1 GG, §§ 13 Nr.5, 64 I BVerfGG antragsbefugt sein. Dazu muss er geltend machen können, dass er durch eine Maßnahme des Antragsgegners in ihm vom Grundgesetz garantierten Rechten verletzt oder unmittelbar gefährdet ist. Hier beklagt A, dass er durch den Durchsuchungs- und Beschlagnahmebeschluss in seinen von der Verfassung gewährten

---

[1] Beteiligter als Antragsgegner ist der Bundestag, *nicht* der Bundestagspräsident, da nicht er die Genehmigung zu Durchsuchung und Beschlagnahme erteilt hat (Verbot der passiven Prozessstandschaft; BVerfGE 2, 167).

Rechten gemäß Art. 38 I 2, 46 II GG verletzt ist. Der Grundsatz der Immunität schützt jeden Abgeordneten vor strafrechtlicher Verfolgung, es sei denn, dass er bei Begehung der Tat oder im Laufe des folgenden Tages festgenommen wird. Somit macht A eine Verletzungshandlung geltend, er ist mithin antragsbefugt.

4. Form und Frist
Der Antragsteller muss die verletzten Rechtsnormen, hier Art. 38 I 2, 46 II GG, nennen (§ 64 II BVerfGG). Der Antrag muss schriftlich eingereicht werden (§ 23 I BVerfGG). Ferner muss die Frist von sechs Monaten gemäß § 64 III BVerfGG eingehalten werden.

Ergebnis: Somit ist das Organstreitverfahren des A zulässig.

III. Begründetheit
Das Organstreitverfahren des A ist begründet, wenn die Aufhebung der Immunität zur Genehmigung des Durchsuchungs- und Beschlagnahmebeschlusses gegen Bestimmungen des GG verstößt und A dadurch in seinen Rechten aus Art. 38 I 2, 42 II GG verletzt ist (§ 67 S. 1 BVerfGG). Dies ist der Fall, wenn das ordnungsgemäße Verfahren der Immunitätsaufhebung fehlerhaft oder der Beschluss materiell rechtswidrig war.

1. Ordnungsgemäßes Verfahren der Immunitätsaufhebung
Das Verfahren zur Immunitätsaufhebung muss ordnungsgemäß durchgeführt worden sein. Der Bundestag hat mit der Mehrheit seiner Mitglieder gemäß Art. 42 II 1 GG dem Verfahren zugestimmt. Eine vorherige Aussprache ist nicht vorgeschrieben. Damit wurde das Verfahren ordnungsgemäß durchgeführt.

2. Materielle Rechtmäßigkeit des Beschlusses
Die Aufhebung der Immunität des A zur Genehmigung des Durchsuchungs- und Beschlagnahmebeschlusses könnte gegen Art. 38 I 2, 42 II GG verstoßen. Danach darf ein Eingriff in sein freies Mandat durch Strafverfolgung nur mit Genehmigung des Bundestages erfolgen. **Das Immunitätsrecht bezweckt vornehmlich, die Arbeits- und Funktionsfähigkeit des Parlaments sicherzustellen**; der einzelne Abgeordnete hat einen Anspruch auf eine von sachfremden, willkürlichen Motiven freie Entscheidung. Zwischen den Belangen des Rechts des Abgeordneten auf Schutz und den Belangen der Rechtspflege auf Strafverfolgung ist abzuwägen. Bei dieser Abwägung kommt dem Bundestag ein weiter Gestaltungsspielraum zu (BVerfGE 80, 220).

Der Bundestag ist bei der Abwägung nicht verpflichtet, auf politische Folgen seiner Entscheidung Rücksicht zu nehmen. Die bevorstehende Landtagswahl kann kein Grund sein, eine Strafverfolgung zu verzögern oder zu beenden. **Ebenso wenig muss der Bundestag die Schlüssigkeit des Tatvorwurfs oder die Verhältnismäßigkeit prüfen.** Lediglich einer offensichtlich willkürlichen Entscheidung der Staatsanwaltschaft dürfte keine Immunitätsaufhebung folgen. Hier legte die Behörde dar, dass der Rechenschaftsbericht der B-Partei im Land L, dessen Vorsitzender A ist, Hinweise auf eine Untreue nach § 266 StGB zu erkennen gibt. Damit gründet sich der Anfangsverdacht auf Tatsachen. Die zeitliche Nähe zu den Wahlen im Land L rechtfertigt als solche nicht die Annahme von sachfremden Erwägungen. Damit verstößt die Aufhebung der Immunität des A zur Genehmigung des Durchsuchungs- und Beschlagnahmebeschlusses nicht gegen Art. 38 I 2, 42 II GG und ist daher materiell rechtmäßig.

3. Pflicht des Bundestages, den Beschluss wegen Organtreue auszusetzen?

Eine Pflicht des Bundestages, den Beschluss bei einem Anfangsverdacht wenige Tage auszusetzen, um politische Nachteile für A in jedem Fall auszuschließen, könnte sich aus dem Prinzip der **Organtreue** ergeben. Danach sind alle Staatsorgane und ihre Teile, wie Abgeordnete, zu gegenseitiger Loyalität und Unterstützung verpflichtet.

Diese Unterstützung geht aber nicht so weit, die berechtigten Strafverfolgungsinteressen des Staates auszusetzen. Auch bei einer Aussetzung von nur wenigen Tagen könnte der Erfolg der beantragten Genehmigungen zur Durchsuchung und Beschlagnahme entfallen. Zudem besteht ein **Verjährungsrisiko**. Schließlich kann die Strafverfolgung nicht davon abhängen, ob der Verfolgte Wahlen zu bestehen hat. Das würde dazu führen, dass Politiker den Beginn eines Strafverfahrens gegen sich zeitlich beeinflussen könnten. Ein solches Privileg würde dem **Rechtsstaatsprinzip** (Art. 19 IV, 28 GG) und dem **Gleichheitsprinzip** (Art. 3, 33 GG) **widersprechen** und ist daher abzulehnen. Eine Pflicht des Bundestages zur Aussetzung des Beschlusses um wenige Tage gibt es also nicht.

Ergebnis: Somit ist das Organstreitverfahren des A unbegründet. Es wird keinen Erfolg haben.

Sachverhalt

Abgeordneter A ist Experte für Außen- und Sicherheitspolitik und sitzt für die Grünen im Bundestag. Aufgrund seiner Kompetenz vertritt er die Grünen im Auswärtigen Ausschuss. Er wurde bei der letzten Bundestagswahl über die Landesliste in das Parlament gewählt. Als Pazifist lehnt A jede Intervention der Bundeswehr ab. Seine Partei hat allerdings in den letzten Jahren ihre Auffassung gewandelt und ist mit einer auch langjährigen Entsendung der Bundeswehrmarine an die Küste des Libanon einverstanden. Nach einem großen öffentlichen Streit tritt A aus der Partei der Grünen aus und trennt sich auch von der Fraktion der Grünen im Bundestag. Sein Mandat führt er allerdings als fraktionsloser Abgeordneter weiter. Die Fraktion der Grünen beruft ihn daraufhin aus dem Auswärtigen Ausschuss ab und benennt einen anderen Abgeordneten für diese Funktion.

Im Bundestag wird in Kürze eine Debatte über weitere Auslandseinsätze der Bundeswehr im Iran stattfinden. A möchte zu diesem Thema eine eigene Gesetzesvorlage einbringen. Der Bundestagspräsident versagt ihm dies, da er keiner Fraktion angehöre. Gesetzesvorlagen könne er nicht als einzelner Abgeordneter einbringen. A klagt dagegen vor dem Bundesverfassungsgericht und wendet ein, seine Rechte als Abgeordneter würden verletzt. Hat sein Antrag Aussicht auf Erfolg?

Lösung

A könnte ein Organstreitverfahren nach Art. 93 I Nr. 1 GG, §§ 13 Nr.5 BVerfGG anstrengen.

I. Zuständigkeit des BVerfG

Das Bundesverfassungsgericht ist zuständig nach Art. 93 I Nr. 1 GG, §§ 13 Nr.5 BVerfGG.

II. Zulässigkeit

Das Verfahren müsste zulässig sein.

1. Antragsberechtigung des Antragstellers

A müsste antragsberechtigt sein. Im Organstreitverfahren sind nach Art. 93 I Nr.1 GG sowie § 63 BVerfGG oberste Bundesorgane und deren Teile antragsberechtigt, soweit diese im Grundgesetz oder der GOBT mit eigenen Rechten ausgestattet sind. A ist als Abgeordneter Teil des Deutschen Bundestages. Er ist in Art. 38 I GG mit eigenen Rechten ausgestattet. A ist daher antragsberechtigt.

2. Parteifähigkeit des Antragsgegners

Auch der Antragsgegner muss nach Art. 93 I Nr.1 GG sowie § 63 BVerfGG parteifähig sein. Antragsgegner könnte der Bundestagspräsident sein. Der Bundestagspräsident ist im Rahmen des Organstreitverfahrens passiv-legitimiert. Er setzt allerdings nur die Normen der GOBT nach außen um. In Wirklichkeit wendet sich A daher nicht gegen das „Sprachrohr" Bundestags-präsident, sondern **gegen den Bundestag**, der die GOBT erlassen hat. Die Einzelentscheidung des Bundestagspräsidenten hat keinen über die Normen der GOBT hinausgehenden Inhalt. Richtiger Antragsgegner ist folglich der Bundestag nach § 63 BVerfGG.

3. Rechtserhebliche Maßnahme des Antragsgegners

Der Antragsteller muss eine Beeinträchtigung durch eine Maßnahme des Antragsgegners rügen. A ist durch die GOBT beschwert. Nach der GOBT hat der einzelne Bundestagsabgeordnete nach § 76 i.V.m. § 75 I a) GOBT kein Recht, eine Gesetzesvorlage einzubringen. Die GOBT wurde vom Bundestag erlassen. Dies stellt eine rechtserhebliche Maßnahme nach § 64 I BVerfGG dar. Sie ist tauglicher Gegenstand eines Organstreitverfahrens.

4. Antragsbefugnis

Der Antragsteller muss nach Art. 93 I Nr.1 GG, § 64 BVerfGG geltend machen, durch die Maßnahme des Antragsgegners in eigenen Rechten verletzt worden zu sein. A hat vorgetragen, dass durch die GOBT in sein Recht aus Art. 38 I 2 GG eingegriffen werde. Er macht also eine Verletzung des Rechts der freien Mandatsausübung geltend. Eine Rechtsverletzung erscheint möglich. Damit ist A antragsbefugt.

5. Form und Frist

Hinsichtlich Form und Frist nach §§ 23, 64 BVerfGG bestehen keine Bedenken.

Der Antrag des A ist mithin zulässig.

III. Begründetheit

Der Antrag des A ist begründet, wenn er durch eine Maßnahme des Antragsgegners in grundgesetzlich garantierten Rechten verletzt wird oder unmittelbar gefährdet ist. Ob der einzelne Abgeordnete ein Gesetzesinitiativrecht hat, ist im Grundgesetz nicht festgelegt. § 76 i.V.m. § 75 I a GOBT sieht ein solches Recht nicht vor. Danach müssen Gesetzesinitiativen von einem Zusammenschluss von Abgeordneten in Fraktionsstärke eingebracht werden (**allerdings nicht notwendigerweise von Abgeordneten der gleichen Fraktion**). In Art. 38 I 2 GG steht lediglich, dass der Abgeordnete nur seinem Gewissen unterworfen ist und Vertreter des ganzen Volkes ist.

In systematischer Hinsicht lohnt ein Blick auf Art. 76 I GG, der davon spricht, dass Gesetzesvorlagen **„aus der Mitte des Bundestages"** eingebracht werden können. Dieser Wortlaut sagt allerdings nichts darüber aus, ob auch ein einzelner Abgeordneter eine Initiative einbringen kann. Aus Art. 38 I 2 GG ergibt sich, dass der einzelne Abgeordnete des Bundestages **ein Recht auf angemessene Teilhabe an den Rechten des Bundestags** hat. Dies spricht für ein Gesetzesinitiativrecht.

Allerdings darf auch nicht aus dem Auge verloren werden, dass der Bundestag seine **Handlungs- und Entscheidungsfähigkeit** erhalten muss. Gesetzesentwürfe müssen im Bundestag erörtert werden, und die Abgeordneten müssen über sie abstimmen. Wenn jeder einzelne Abgeordnete Entwürfe einbringen dürfte, könnte dies zu einer Lähmung der Handlungsfähigkeit des Parlaments führen. Es bestünde die Gefahr, dass der Bundestag mit einer Vielzahl von Initiativen überschwemmt würde und sich mit ihnen befassen müsste, obwohl diese Vorschläge **lediglich eine Einzelmeinung eines Abgeordneten** darstellen und keine Chance auf eine Mehrheit im Bundestag haben. Es gibt daher also einen sachlichen Grund dafür, dass Gesetzgebungsinitiativen von einem Mindestkonsens getragen werden müssen und der einzelne Abgeordnete kein Initiativrecht hat.

Eine Verletzung des Rechts aus Art. 38 I 2 GG liegt folglich nicht vor.

Ergebnis: Das Organstreitverfahren ist unbegründet. A hat keinen Erfolg.

Sachverhalt

Der Bundeskanzler hat immer weniger Rückhalt in den eigenen Reihen. Er ist der Auffassung, dass die Modernisierung des Staates nur durch eine große Steuerreform mit einem Einheitssteuersatz („flat tax") zu verwirklichen ist. Die Bundestagsfraktion seiner Partei sieht dies allerdings mehrheitlich anders. Um sie zu einer Zustimmung zu bewegen, verknüpft der Bundeskanzler seine politische Zukunft mit dem Gesetz. Dazu bringt die Bundesregierung den Entwurf des Steuerreformgesetzes ein und der Bundeskanzler stellt gleichzeitig die Vertrauensfrage. Die Mehrheit der Mitglieder des Bundestages lehnt den Antrag des Bundeskanzlers ab. Daraufhin löst der Bundespräsident den Bundestag auf Vorschlag des Bundeskanzlers nach einer Woche auf.

Gegen dieses Vorgehen wehrt sich der Abgeordnete A. Er ist der Ansicht, die Verquickung von Sachfragen mit der Vertrauensfrage verstoße gegen die Verfassung und auch gegen seine Rechte als Abgeordneter. Daher habe der Bundespräsident den Bundestag nicht auflösen dürfen. A zieht vor das Bundesverfassungsgericht. Wie wird es entscheiden?

Hinweis: Beachten Sie zur Lösung auch Art. 81 I GG.

Lösung

A könnte ein Organstreitverfahren nach Art. 93 I Nr. 1 GG, §§ 13 Nr.5 BVerfGG anstrengen.

I. Zuständigkeit des BVerfG

Das Bundesverfassungsgericht ist zuständig nach Art. 93 I Nr. 1 GG, §§ 13 Nr.5 BVerfGG.

II. Zulässigkeit

Das Verfahren müsste zulässig sein.

1. Antragsberechtigung des Antragstellers

A müsste antragsberechtigt sein. Im Organstreitverfahren sind nach Art. 93 I Nr.1 GG sowie § 63 BVerfGG oberste Bundesorgane und deren Teile antragsberechtigt, soweit diese im Grundgesetz oder der GOBT mit eigenen Rechten ausgestattet sind. A ist als Abgeordneter Teil des Deutschen Bundestages. Er ist in Art. 38 I GG mit eigenen Rechten ausgestattet. A ist daher antragsberechtigt.

2. Parteifähigkeit des Antragsgegners

Auch der Antragsgegner muss nach Art. 93 I Nr. 1 GG sowie § 63 BVerfGG parteifähig sein. Der Bundespräsident ist nach Art. 54 GG ein oberstes Bundesorgan. Damit ist er tauglicher Antragsgegner.

3. Rechtserhebliche Maßnahme des Antragsgegners

Der Antragsteller muss eine Kompetenzbeeinträchtigung durch eine Maßnahme des Antragsgegners rügen. Der Bundespräsident hat den Bundestag nach Art. 68 I 1 GG aufgelöst. Diese Maßnahme löst Rechtsfolgen aus. Unter anderem verlieren alle Abgeordneten ihr Mandat und müssen neu gewählt werden. Eine rechtserhebliche Maßnahme des Antragstellers liegt damit nach § 64 I BVerfGG vor.

4. Antragsbefugnis

Der Antragsteller muss nach Art. 93 I Nr.1 GG, § 64 BVerfGG geltend machen, durch die Maßnahme des Antragsgegners in eigenen Rechten verletzt worden zu sein. Durch die Auflösung des Bundestages verliert A sein Bundestagsmandat. Dieses würde er behalten, wenn die Auflösung nicht rechtmäßig gewesen wäre. Grundsätzlich ist ein Abgeordneter nach Art. 39 I 1 GG auf vier Jahre gewählt. Diese zeitliche Periode soll ein **arbeitsfähiges Parlament gewährleisten** und verhindern, dass sich durch Diskontinuität immer wieder neue Abgeordnete einarbeiten müssen, ohne dass diese einige Jahre im Parlament verweilen. Die Abgeordneten haben an der Erhaltung der **Funktionsfähigkeit des Parlamentes** wesentlichen Anteil. Durch die Maßnahme des Bundespräsidenten wird die verfassungsrechtlich vorgegebene Periode des Art. 39 I 1 GG verkürzt und damit auch das Mandat der Abgeordneten nach Art. 38 I GG beeinträchtigt.

5. Form und Frist

Hinsichtlich Form und Frist nach §§ 23, 64 BVerfGG bestehen keine Bedenken.

Ergebnis: Der Antrag des A ist mithin zulässig.

III. Begründetheit

Der Antrag des A ist begründet, wenn er durch eine Maßnahme des Antragsgegners in grundgesetzlich garantierten Rechten verletzt wird oder unmittelbar gefährdet ist. Es kommt eine Verletzung von Art. 38 I 2 i.V.m. 39 I 1 GG in Betracht.

Fraglich ist, ob der Bundespräsident das Parlament auflösen durfte. Dies ist der Fall, wenn die Tatbestandsvoraussetzungen des Art. 68 I 1 GG vorliegen.

1. Formelle Rechtmäßigkeit

Der Bundeskanzler hat dem Bundespräsidenten die Auflösung nach Art. 68 I 1 GG vorgeschlagen, und der Bundespräsident hat das Parlament auch innerhalb der Frist von 21 Tagen aufgelöst. Formell war die Auflösung damit rechtmäßig.

2. Materielle Rechtmäßigkeit

a) Scheitern des Antrags

Ein Antrag des Bundeskanzlers, ihm das Vertrauen auszusprechen, muss gescheitert sein. Die Mehrheit der Mitglieder des Parlaments (Art. 121 GG) hat sich gegen den Antrag ausgesprochen. Zu prüfen ist jedoch, ob der Bundeskanzler den Gesetzesantrag über eine „flat tax" mit der Vertrauensfrage verbinden durfte. Die Vertrauensfrage könnte in dieser Form also unzulässig gewesen sein. Ob eine Verknüpfung zulässig ist, **hängt von dem Zweck der Vertrauensfrage im Verfassungsgefüge ab.**

b) Zweck der Vertrauensfrage

Die Vertrauensfrage ist ein Instrument des Bundeskanzlers, sich der Unterstützung der Mehrheit des Bundestages zu versichern. Dies gilt insbesondere in Zeiten, in denen der Bundeskanzler politischen Druck aus dem Lager der Regierungsfraktionen erfährt. Mit der Vertrauensfrage kann der Bundeskanzler die **Geschlossenheit seiner Regierungsmehrheit** einfordern. Er kann diese disziplinieren, indem die Abgeordneten seiner Fraktion und ggf. seines Koalitionspartners riskieren, dass bei einer negativen Beantwortung der Vertrauensfrage der Bundestag aufgelöst wird und sie die Regierungsmehrheit verlieren. Die Vertrauensfrage ist also **vornehmlich ein politisches Mittel**, um Mehrheiten zu stabilisieren und sich der Zustimmung der eigenen Fraktion zu versichern.

c) Inhalt der Vertrauensfrage

Betrachtet man den Wortlaut des Art. 68 GG, so enthält dieser keinen Hinweis darauf, dass die Vertrauensfrage mit einer Sachfrage verbunden werden kann. Der Wortlaut spricht eher für eine Trennung der beiden Aspekte. Bezieht man **Art. 81 I 2 GG** in die Überlegungen ein, so ergibt sich aus dieser Vorschrift, dass im Fall des Gesetzgebungsnotstands eine Gesetzesvorlage mit der Vertrauensfrage verbunden werden kann. Folglich geht die Verfassung aus, dass **diese Möglichkeit grundsätzlich besteht.** Es gibt keinen sachlichen Grund, warum dies nur bei Bestehen des Gesetzgebungsnotstandes gelten soll. Daher ist die Verbindung von Vertrauensfrage und Sachfrage generell zulässig.

d) Verstoß gegen Art. 38 I 2 GG
Die Verbindung dürfte aber nicht die Gewissensfreiheit des Abgeordneten und seine Weisungsunabhängigkeit, also seine Rechte aus Art. 38 I 2 GG, verletzen. Die Verbindung von Sachfrage und Vertrauensfrage bewirkt, dass der Abgeordnete beide Fragen nur einheitlich beantworten kann. Dem Abgeordneten ist es damit **nicht mehr möglich,** dem Bundeskanzler abstrakt das Vertrauen auszusprechen, aber in der wichtigen politischen Frage des Einheitssteuersatzes gegen ihn zu stimmen. Insoweit wird die Entscheidungsfreiheit des Abgeordneten eingeschränkt. Er kann entweder dem Gesamtpaket zustimmen oder dieses ablehnen. Eine differenzierte Abstimmung ist nicht möglich. **Es liegt folglich ein Eingriff in die Rechte des Abgeordneten A aus Art. 38 I 2 GG vor.** Dieser Eingriff könnte allerdings **gerechtfertigt** sein. Dies hängt davon ab, ob die Interessen des Abgeordneten an einer differenzierten Abstimmungsmöglichkeit höher zu bewerten sind als das Interesse des Bundeskanzlers an der Koppelung der Vertrauensfrage mit der Sachfrage.

Bei der Sachfrage handelt es sich um eine wichtige wirtschaftspolitische Entscheidung von großer Tragweite. Das System des Steuerrechts hat auf die Investitionen in die Wirtschaft eines Landes entscheidenden Einfluss. Der Bundeskanzler hat die Vertrauensfrage also nicht mit einer Bagatellfrage verknüpft, sondern mit einer wichtigen wirtschaftspolitischen Frage. Eine Regierung, die nur noch formal Rückhalt im Parlament genießt, aber bei entscheidenden Sachfragen keine Zustimmung erhält, ist instabil. **Die Vertrauensfrage dient dazu, Stabilität einzufordern und nach außen hin zu dokumentieren.** Es muss daher möglich sein, dass ein Bundeskanzler seine politische Zukunft mit einer wichtigen Sachfrage verknüpft. Einem Abgeordneten wird die Entscheidung über eine Sachfrage zwar schwerer fallen, wenn diese mit der Vertrauensfrage verknüpft ist. Er hat allerdings immer noch die Freiheit, gegen den Antrag zu stimmen und damit dem Bundeskanzler sein Vertrauen entziehen. Seine Gewissensfreiheit wird damit nicht verletzt.

e) Weitere materielle Tatbestandsmerkmale

Es könnten noch weitere ungeschriebene materielle Tatbestandsmerkmale vorliegen müssen, um eine Auflösung nach Art. 68 GG zu rechtfertigen. Im Rahmen der so genannten „unechten Vertrauensfrage", also der Vertrauensfrage, die nur formal auf Zustimmung gerichtet ist, deren Verneinung der Bundeskanzler aber bezweckt, um Neuwahlen zu erreichen, ist umstritten, ob das Merkmal einer **„instabilen Lage"** vorliegen muss. Im vorliegenden Fall handelt es sich allerdings um eine **echte Vertrauensfrage**, so dass der Streit nicht entschieden werden muss.

Die Maßnahme des Bundespräsidenten war damit auch materiell rechtmäßig.

Ergebnis: Das Organstreitverfahren des A ist unbegründet.

Wichtiger Hinweis:

Anhand dieser Lösung sehen Sie auch hier, dass die Begründetheit der Schwerpunkt der Klausur ist. In der Regel macht die Zulässigkeit nur 20 % der Lösungsskizze aus. Halten Sie die Zulässigkeit daher kurz und investieren Sie Zeit in die **Begründetheit**! Hier gibt es die Punkte!

Fall 5

Sachverhalt

Die beiden Parteien L und W bilden im Deutschen Bundestag eine Fraktion. Den Fraktionsstatus können nach § 10 I 1 GOBT Vereinigungen von mindestens fünf von Hundert der Mitglieder des Bundestages beanspruchen, die derselben Partei oder solchen Parteien angehören, die aufgrund gleichgerichteter politischer Ziele in keinem Land miteinander in Wettbewerb stehen. Bisher standen L und W in keinem Wettbewerb. So sollte bei den Landtagswahlen in Mecklenburg-Vorpommern (M) einzig L kandidieren. Aufgrund einer politischen Differenz bei der Frage der Steuerreform kandidiert nun aber auch W. Wahlvorschläge beider Parteien werden am 1. Juli beim Landeswahlleiter ordnungsgemäß eingereicht. Die Zulassung wird für den 1. August erwartet. Die Bundestagsfraktion C ist der Auffassung, dass der Zusammenschluss von L und W unzulässig ist und der Fraktionsstatus deshalb entfallen müsste. Die C wendet sich an Sie und erbittet ein materielles Gutachten!

Zusatzfrage: Durch welche Handlung könnten die Abgeordneten von L und W innerhalb weniger Tage verhindern, dass sie ihren Fraktionsstatus verlieren, auch wenn beide Parteien in M antreten?

Hinweis: Für die Lösung benötigen Sie auch das Abgeordnetengesetz!

Lösung

Die gemeinsame Fraktion von L und W wäre unzulässig, wenn sie gegen die GOBT verstößt. Nach § 10 I 1 GOBT können Vereinigungen den Fraktionsstatus beanspruchen, wenn sie (1) gleichgerichtete politische Ziele haben und (2) in keinem Land miteinander in Wettbewerb stehen.

I. Tatbestand des § 10 I 1 GOBT

1. Gleichgerichtete politische Ziele

W und L müssten als Fraktion gleichgerichtete politische Ziele verfolgen. Sinn und Zweck dieser Norm ergeben sich aus der Funktion der Fraktion: Sie soll an der Erfüllung der Aufgaben des Bundestages gemäß § 47 I AbgG mitwirken. Erforderlich ist dafür eine homogene Mitgliederstruktur. Die Fraktion muss aus Abgeordneten bestehen, die zumindest ähnliche politische Absichten verfolgen. **Ein völliger Gleichklang *aller* politischen Meinungen ist weder erforderlich**

noch gewollt. Hier vertreten L und W in der Frage der Steuerreform unterschiedliche Auffassungen. Obwohl diese Reform nicht unwichtig ist, können aus einer Meinungsverschiedenheit in dieser einen Frage nicht unterschiedlich gerichtete politische Ziele im Allgemeinen abgeleitet werden. Daher kann davon ausgegangen werden, dass „gleichgerichtete politische Ziele" weiterhin verfolgt werden.

2. In keinem Land miteinander in Wettbewerb stehen

W und L dürften in keinem Land miteinander in Wettbewerb stehen. Fraglich ist, wann sie gemäß § 10 I 1 GOBT in einem solchen Wettbewerb stehen. Zur Auslegung kann auf den Sinn und Zweck der Norm abgestellt werden: Die Parteien sollen nicht aufgrund programmatischer Unterschiede bei einer gleichen Wahl um die gleichen Wahlberechtigten werben, da damit ihre Gleichgerichtetheit nicht mehr anzunehmen wäre. Treten sie trotzdem gegeneinander an, stehen sie in einem Wettbewerb. Dabei ist unerheblich, dass dieser Wettbewerb nicht während einer Bundestagswahl, sondern bei einer Landtagswahl stattfindet. Eine Beschränkung auf Bundestagswahlen ist aus dem Wortlaut des § 10 I 1 GOBT nicht zu entnehmen. Damit stehen W und L mit Teilnahme an der Landtagswahl in M in Wettbewerb.

Ergebnis: Der Tatbestand des § 10 I GOBT ist erfüllt.

II. Rechtsfolge: Wegfall Fraktionsstatus

Fraglich ist nun, ob der Fraktionsstatus der Parteien L und W im Bundestag nachträglich wegfallen kann und, falls ja, ab welchem Zeitpunkt dies geschieht.

1. Nachträglicher Wegfall des Fraktionsstatus

Die Kandidatur von L und W bei den Landtagswahlen in M hätte für den Fraktionsstatus im derzeitigen Deutschen Bundestag nur dann Auswirkungen, wenn dieser Status auch nachträglich entfallen kann. Dass der Fraktionsstatus nachträglich entfallen kann, **ergibt sich aus den Wertungen des § 54 I Nr. 1 AbgG**, der bereits seinem Wortlaut nach ausdrücklich von einem „Erlöschen des Fraktionsstatus" ausgeht.

Auch § 46 I AbgG spricht von einer „rechtsfähigen Vereinigung". Das Erlöschen des Fraktionsstatus kommt beispielsweise dann in Betracht, wenn das für Fraktionen vorgeschriebene Quorum von fünf vom Hundert der gesetzlichen Mitgliederzahl (§ 10 I 1 GOBT) unterschritten wird. Das Tatbestandsmerkmal der **politischen Homogenität** steht gleichberechtigt und gleichgewichtig neben der eben genannten personalen Mitgliederstärke. Damit kann auch ein erst nach der Fraktionsbildung (nach der Konstituierung des Bundestages) entstehender politischer Wettstreit den Fraktionsstatus wegfallen lassen. Folglich fällt der Fraktionsstatus für L und W weg.

2. Zeitpunkt des Wegfalls des Fraktionsstatus

Fraglich ist, wann der Fraktionsstatus für L und W wegfällt. Mit dem Wegfall des Fraktionsstatus sind zum Beispiel nach § 54 I Nr. 1 AbgG Rechtswirkungen verknüpft. Dies reicht vom Anfragerecht (Große Anfragen) über die Stimmberechtigung in Ausschüssen und die Redezeit im Plenum bis zur finanziellen Unterstützung. Der Wegfall des Fraktionsstatus ist dann anzunehmen, wenn L und W **in Wettbewerb zueinander treten**. Dies richtet sich nach den Wahlgesetzen. Mit der rechtskräftigen Meldung beider Parteien zur Landtagswahl in M beginnt dieser Wettbewerb noch nicht. Erst mit der **Zulassung der Listen** durch den Landeswahlleiter besteht darüber Klarheit, dass beide Parteien an den Wahlen teilnehmen können und insofern mit Aussicht auf Erfolg um Wählerstimmen werben. Eine solche Zulassung ist laut Sachverhalt noch nicht erfolgt. Damit besteht die Fraktion weiter, bis diese Zulassung erfolgt.

Ergebnis: Die Fraktion von L und W ist noch nicht beendet. Erst mit der Zulassung beider Parteien zur Landtagswahl in M (erwartet am 1. August) erlischt der Fraktionsstatus.

Zusatzfrage: Entweder treten alle Abgeordnete der L-Partei in die W-Partei ein oder umgekehrt. Dann besteht die Fraktion nur noch aus Mitgliedern einer Partei gemäß § 10 I 1 GOBT.

**Weitere Fälle gibt es im
Juristischen Grundkurs Band 18, Staatsrecht 1, Staatsorganisationsrecht
aus dem Richter-Verlag.**

Fall 6

Sachverhalt (fiktiv)

Im Dezember 2013 wurde der „VISA-Untersuchungsausschuss" vom Bundestag mit den Stimmen der Opposition einberufen (die Regierungsparteien stimmten dagegen). Es sollte geklärt werden, ob es Unstimmigkeiten bei der Vergabe von Visa durch Botschaften im Ausland gab, nachdem diesbezüglich Presseberichte erschienen waren. Vor allem sollte die Rolle der Bundesregierung bei dieser Praxis der Visa-Vergabe überprüft werden.

Im Juni 2014 hat der VISA-Untersuchungsausschuss beschlossen, die Termine zur Zeugenvernehmung vorerst auszusetzen. Bereits geladene Zeugen wurden ausgeladen. Begründet wurde dies mit der eventuell bald endenden Wahlperiode des Bundestages. Nach den Landtagswahlen in Nordrhein-Westfalen, die für eine Partei katastrophal ausgegangen war, hatte sich eine Mehrheit der Regierungsabgeordneten für Neuwahlen im Herbst 2014 ausgesprochen – also ein Jahr früher als geplant.

Aus diesem Grund will der VISA-Untersuchungsausschuss seinen Abschlussbericht „vorläufig vorlegen", da die Arbeit vor Ende der Wahlperiode nicht beendet werden könne, § 33 III PUAG. Mit der Mehrheit der Mitglieder wird dies so beschlossen. Daraufhin wenden sich die Abgeordneten der C-Fraktion und die F-Fraktion im Deutschen Bundestag mit einem Antrag auf Erlass einer einstweiligen Anordnung gegen diesen Beschluss des VISA-Untersuchungsausschusses an das BVerfG.

Sie bringen vor, dass noch gar nicht klar sei, wann die Wahlperiode ende, da dies offiziell erst im Herbst 2015 der Fall sei. Anhaltspunkte für eine vorzeitige Neuwahl seien noch gar nicht konkret gegeben. Somit sei nicht absehbar, dass die Arbeit nicht vor Ende der Wahlperiode noch erledigt werden könne. Eine Nicht-Vernehmung der noch nicht gehörten geladenen Zeugen verstoße gegen die Rechte der Einsetzungsminderheit aus Art. 44 GG. Dies sei so nicht hinzunehmen.

Hat der Antrag auf Erlass der einstweiligen Anordnung Aussicht auf Erfolg?

Lösung

Der Antrag auf Erlass einer einstweiligen Anordnung hat Aussicht auf Erfolg, wenn er zulässig und begründet ist.

I. Zulässigkeit

Der Antrag müsste zunächst zulässig sein.

1. Statthaftigkeit

Das BVerfG müsste für den Erlass der einstweiligen Anordnung zuständig sein, § 32 BVerfGG. Es ist fiktiv zu untersuchen, ob das BVerfG bei einem Hauptsacheverfahren zuständig wäre. Dies wäre vorliegend ein **Organstreitverfahren**, da Teile des Bundestages untereinander um einen Streitgegenstand, nämlich die Aussetzung des Untersuchungsausschusses streiten. Für ein solches Verfahren wäre das BVerfG zuständig, Art. 93 I Nr. 1 GG, §§ 13 Nr. 5, 63 ff. BVerfGG. Ein Organstreitantrag ist auch nicht offenkundig unzulässig oder unbegründet. Somit ist der Antrag auf Erlass einer einstweiligen Anordnung statthaft.

2. Parteifähigkeit

Ferner müssten die Beteiligten auch antragsberechtigt sein. Auch bei der Antragsberechtigung ist zu untersuchen, ob die Beteiligten im Organstreitverfahren antragsberechtigt wären, § 63 BVerfGG. Vorliegend handeln die in § 63 BVerfGG genannten Organe nicht. In Betracht käme aber ein **Handeln eines mit eigenen Rechten ausgestatteter Teil eines obersten Bundesorgans**. Die Abgeordneten der C-Fraktion sind durch Art. 44 GG mit eigenen Rechten ausgestattet und damit antragsberechtigt. Die F-Fraktion ist nach ständiger Rechtsprechung des BVerfG ebenfalls parteifähig. Der Untersuchungsausschuss als Antragsgegner ist durch Art. 44 GG ebenfalls mit eigenen Rechten ausgestattet. Somit ist der Untersuchungsausschuss auch parteifähig.

3. Antragsbefugnis

Die Antragsteller müssten im Hauptsachverfahren antragsbefugt sein, § 64 I BVerfGG. Dazu müssten sie in eigenen Rechten verletzt sein. Wie bereits dargestellt, könnten die Mitglieder der C-Fraktion im Bundestag in ihren Rechten aus Art. 44 GG verletzt sein. Fraglich ist allerdings, ob sich die Mitbestimmungsrechte alleine auf das Recht zur Einsetzung des Untersuchungsausschusses beziehen und **daher ein Anspruch auf Fortführung des Untersuchungsausschusses nicht mit eingeschlossen** ist.

Das BVerfG hat hierzu zutreffend ausgeführt, dass Mitbestimmungsrechte auch im Bezug auf die Durchführung der Arbeit des Untersuchungsausschusses bestehen bleiben. Nur so können vollumfänglich die Rechte aus Art. 44 GG wahrgenommen werden. Somit haben die Mitglieder der C-Fraktion auch ein Recht auf Sicherung der Durchführung des Untersuchungsauftrags. Eine Verletzung aus Art. 44 GG ist somit nicht von vorneherein ausgeschlossen.

Bei der F-Fraktion ist fraglich, ob sie eine Verletzung möglicher Rechte in **Prozessstandschaft für den Bundestag geltend machen kann**, da eine Verletzung aus Art. 44 GG nur die Abgeordneten treffen kann und nicht eine Fraktion als solche. Wie bereits dargestellt, hat das BVerfG entschieden, dass das Parlament auch die laufende Arbeit des Untersuchungsausschusses überprüfen darf. Dies betrifft aber das Parlament als Ganzes.

Daher erscheint es fraglich, ob eine einzelne Fraktion hier die Rechte des ganzen Bundestages wahrnehmen kann. Charakter des Instruments Untersuchungsausschuss ist es aber gerade, dass auch eine Minderheit (vgl. Art. 44 I 1 GG) diesen einberufen kann. Das spricht dafür, dass die Rechte einer Minderheit verletzt sein können. Somit ist nicht ausgeschlossen, dass Rechte der Fraktion auf Fortführung des Untersuchungsausschusses verletzt sind. Diese Rechte kann die F-Fraktion ausnahmsweise in Prozessstandschaft für den Bundestag geltend machen.

4. Keine Vorwegnahme der Hauptsache

Ferner dürfte die Anordnung nicht eine Entscheidung in der Hauptsache, einem möglichen Organstreitverfahren, vorwegnehmen. Dies könnte jedoch vorliegend gerade eintreten, da das BVerfG mit einer Anordnung schon eine Entscheidung bezüglich eines Hauptverfahrens treffen würde. Fraglich ist, ob vorliegend ausnahmsweise auch eine Vorwegnahme der Hauptsachentscheidung zulässig ist.

Dies ist der Fall, wenn dem Antragsteller **ein Abwarten auf die Hauptsacheentscheidung nicht zumutbar ist**, er durch ein Abwarten **unzumutbar beschwert** wird und in der Hauptsache Erfolgaussichten bestehen. Vorliegend hat der Untersuchungsausschuss schon Zeugen ausgeladen und Termine abgesagt. Würden die Antragsteller auf eine Entscheidung im Organstreitverfahren warten, würden sich diese Termine bereits erledigt, der Untersuchungsausschuss schon seine Arbeit endgültig beendet und einen Abschlussbericht angefertigt haben. Ein Abwarten der Antragsteller wäre somit nicht hinzunehmen. Es bestehen auch Erfolgsaussichten in der Hauptsache. Daher ist eine Vorwegnahme der Hauptsache ausnahmsweise zulässig.

5. Rechtschutzbedürfnis

Fraglich ist, ob ein Rechtschutzbedürfnis der Antragsteller gegeben ist, weil der Rechtsweg noch nicht erschöpft ist. Nach § 36 I i.v.m. § 33 III PUAG ist der BGH für Streitigkeiten über den Untersuchungsausschuss zuständig. Den BGH haben die Antragsteller nicht angerufen. § 33 III PUAG regelt jedoch alleine die Berichterstattung des Ausschusses in dem Falle, in dem die Arbeit nicht vor Ende der Legislatur beendet werden kann. Der Untersuchungsausschuss hat jedoch vorliegend einfach die Arbeit beendet und Zeugen ausgeladen, ohne dass sicher feststeht, wann die Legislatur enden wird. Dies fällt nicht unter § 33 III PUAG.

Es handelt sich viel mehr um **Rechte und Pflichten des Untersuchungs- ausschusses, die sich aus Art. 44 GG ergeben**. Der verfassungsrechtliche Charakter des Streites wurde bereits dargestellt. Somit ist keine Zuständigkeit des BGH gegeben und eine Anrufung des BVerfG auch unter dem Gesichtspunkt des Rechtschutzbedürfnisses zulässig. Weitere Bedenken bezüglich des Vorliegens des Rechtschutzbedürfnisses sind nicht ersichtlich.

6. Form

Mangels gegenteiliger Angaben im Sachverhalt ist davon auszugehen, dass das Formerfordernis des § 23 BVerfGG eingehalten wurde.

Ergebnis: Der Antrag ist zulässig.

II. Begründetheit

Ferner müsste der Antrag auch begründet sein. Dies ist der Fall, wenn ohne Erlass der einstweiligen Anordnung für die Antragsteller schwere, nicht anders abwendbare Nachteile drohen und diese vor dem Interesse des Antraggegners Vorrang haben, § 32 I BVerfGG.

1. Voraussetzungen des § 32 BVerfGG

Der Antrag in der Hauptsache, also einem Organstreitverfahren, dürfte nicht offenkundig unzulässig oder unbegründet sein. Dies ist jedoch, wie bereits bei der Statthaftigkeit dargestellt, offensichtlich nicht der Fall. Somit ist zwischen den Folgen bei Erlass einer einstweiligen Anordnung und den Rechtsgut- verletzungen bei dem Nichterlass einer einstweiligen Anordnung abzuwägen.

2. Interessenabwägung

Es ist zu untersuchen, ob die Interessen der Antragsteller oder des Antraggegners schwerer wiegen. Für die Antragssteller würde eine Verletzung aus Art. 44 GG im Falle der Aussetzung des Untersuchungsausschusses eintreten. Aus den Regelungen zur Einsetzung des Untersuchungsausschusses ergibt sich, dass gerade **auch Minderheiten mit ausreichenden Rechten ausgestattet sein müssen** um sich auch gegen eine Mehrheit durchsetzen zu können. Diese Rechte würden bei einer willkürlichen Aussetzung der Arbeit des Untersuchungsausschusses vollkommen leer laufen. Ein Ob und wann die Wahlperiode endet, steht noch nicht fest, so dass es ein bedeutendes verfassungsrechtliches Interesse der Antragssteller an einer regulären Fortführung des Untersuchungsauftrages gibt.

Das Interesse des Antragsgegners besteht darin, bis zum (vorzeitigen) Ende der Wahlperiode einen vollkommenen Abschlussbericht über die Arbeit vorlegen zu können. Dies sehen die Abgeordneten der Regierungsparteien nur gewährleistet, wenn sie vorzeitig die Arbeit beenden, da sie schon sicher ein vorzeitiges Ende der Legislatur im Herbst 2014 sehen. Dieses Interesse ergibt sich direkt aus § 33 III PUAG.

Fraglich ist, welches Interesse schutzwürdiger ist. Zu Lasten des Antragsgegners ist zu berücksichtigen, dass ein vorzeitiges Ende der Wahlperiode noch gar nicht feststeht. Der Bundestag ist noch nicht aufgelöst worden, es gibt nicht einmal einen Antrag beim Bundespräsidenten diesbezüglich, ein Misstrauensvotum ist nicht gestellt worden. Alleine wegen Äußerungen einzelner Abgeordneter ist noch nicht sicher auf ein vorzeitiges Ende der Legislatur zu schließen. Dies kann ohnehin **nur durch eine Mehrheit** der Mitglieder des Deutschen Bundestages geschehen, Art. 68 GG. Die Verletzung der Rechte des Antragstellers aus Art. 44 GG ist jedoch bei einer Aussetzung evident und wird sicher eintreten. Die Zeugenvernehmung ist weiterhin Aufgabe des Untersuchungsausschusses und muss daher fortgeführt werden. Nur so können die Rechte der Einsetzungsminderheit gewahrt bleiben. Die Interessen der Antragssteller überwiegen somit gegenüber den Interessen des Antragsgegners.

III. Ergebnis

Der Antrag der Mitglieder der C-Fraktion und der F-Fraktion hat Aussicht auf Erfolg. Er ist zulässig und begründet.

Fall 7

Sachverhalt

In Deutschland wird das Bildungsniveau von Studienanfängern immer geringer. Viele von ihnen beherrschen weder die Rechtschreibung noch verstehen sie wissenschaftliche Texte. Besonders die Dozenten der Fachbereiche Politikwissenschaften und Soziologie klagen über „Kenntnisse der Erstsemester auf Grundschulniveau". Nun will die Bundesregierung handeln. Um unfähige Studierende von den Hochschulen fernzuhalten, plant sie, – neben dem ersten berufsqualifizierenden Abschluss (in der Regel Abitur) – eine zusätzliche Allgemeine Hochschuleingangsprüfung einzuführen. Damit wird das Bundesgesetz, welches die Hochschulzulassung und die Hochschulabschlüsse regelt, geändert. Mit der Änderung werden den Ländern auch Vorgaben zum Verwaltungsverfahren gemacht.

Wegen der Fußball-Weltmeisterschaft in Brasilien tagt die Bundesregierung für einige Tage nicht. Der Gesetzentwurf wird deshalb im Umlaufverfahren beschlossen, bei dem ein Stillschweigen der Ministerien innerhalb einer bestimmten Frist als Zustimmung gilt. Dieser Entwurf wird dem Bundestag zugeleitet. Auch dort haben die Abgeordneten mehr die Fußballer im Sinn: Im Plenum sitzen nur fünf Abgeordnete, davon stimmen 3 dem Gesetzentwurf zu. Das Gesetz wird dem Bundesrat zugeleitet, der das Gesetz ablehnt, letztendlich aber vom Bundestag überstimmt wird. Die Landesregierung von NRW ist darüber verärgert. Sie meint, das Gesetz greife in ihre Kompetenz zur Regelung der Studieneignung ein. Zudem habe der Bundesrat zustimmen müssen. Das Gesetz sei auch sonst formell verfassungswidrig. Klären Sie dies in einem Gutachten!

Lösung

Das Gesetz ist formell verfassungsgemäß, wenn Zuständigkeit, Verfahren und Form des Beschlusses eingehalten werden.

I. Zuständigkeit

Es müsste eine Gesetzgebungskompetenz des Bundes vorliegen. **Seit der Föderalismusreform hat der Bund nach Art. 72 III Nr. 6 GG** eine Kompetenz für „die Hochschulzulassung und die Hochschulabschlüsse". Die geplante Einführung einer zusätzlichen Allgemeinen Hochschuleingangsprüfung betrifft die Frage der Hochschulzulassung. Allerdings wird der Nachweis für Studieneignung und -berechtigung traditionellerweise durch das Abitur erbracht. Die Regelungen dafür liegen in **ausschließlicher Gesetzgebungskompetenz** der Länder. Das Schulwesen ist legislativer Kernbereich der Länderhoheit. Die Kompetenz der Länder zur Regelung des Schulwesens bleibt durch das Gesetz jedoch unberührt. Es wird lediglich eine außerschulische Hochschulzugangsprüfung eingeführt. Eine Verknüpfung von Abitur und Hochschulzugangsberechtigung ist verfassungsrechtlich nicht vorgeschrieben. Folglich hat der Bund eine Gesetzgebungskompetenz nach Art. 72 III Nr. 6 GG.

II. Verfahren
Es müsste das vorgeschriebene Gesetzgebungsverfahren eingehalten worden sein.

1. Gesetzesinitiative nach Art. 76 I GG
Zunächst müsste die Bundesregierung ein Gesetzesinitiativrecht besitzen. Nach Art. 76 I GG besteht ein solches Initiativrecht für das Kollegialorgan „Bundesregierung". Fraglich ist, ob das Umlaufverfahren als Form der Beschlussfassung innerhalb der Bundesregierung zulässig ist. Beschlüsse der Bundesregierung als Kollegium ergehen in der Regel **in gemeinschaftlicher Sitzung** (§ 20 I GOBReg). Ist die mündliche Beratung einer Angelegenheit nicht erforderlich, so soll der Staatssekretär des Bundeskanzleramts die Zustimmung der Mitglieder der Bundesregierung auf schriftlichem Wege einholen (sog. **Umlaufverfahren**, § 20 II GOBReg). Verfassungswidrig ist ein Verfahren, in dem die Zustimmung eines Ministers als erteilt gilt, wenn dieser nicht innerhalb einer bestimmten Frist Widerspruch einlegt. In diesem Fall findet keine Zurechenbarkeit statt; es liegt kein Beschluss des Kollegiums Bundesregierung vor (vgl. BVerfGE 91, 148 ff.). Ausreichend ist nur eine ausdrückliche Zustimmung, die hier nicht gegeben ist.

Umstritten ist, ob der Verstoß beachtlich ist, wenn der Bundestag und – bei Zustimmungsgesetzen – der Bundesrat der Vorlage später zustimmen. Damit könnte eine **Heilung** eingetreten sein. Dies wird man zur Sicherung der Funktionsfähigkeit des Parlaments annehmen müssen. Folglich folgt aus diesem Fehler keine Verfassungswidrigkeit des Gesetzes.

2. Gesetzesbeschluss
Es könnte ein formeller Fehler beim Gesetzesbeschluss vorliegen.

a) Der Bundestag **müsste beschlussfähig gewesen** sein. Nach § 45 I GOBT ist der Bundestag beschlussfähig, wenn mehr als die Hälfte seiner Mitglieder im Sitzungssaal anwesend sind. Sind also nicht mehr als die Hälfte seiner Mitglieder anwesend, ist der Bundestag an sich nicht beschlussfähig. Damit ist der fragliche Beschluss aber (noch) nicht zwingend formell rechtswidrig, denn die Beschlussunfähigkeit liegt nicht per se vor. Sie muss vielmehr positiv festgestellt werden (§ 45 II, III GOBT). Bis zu der positiven Feststellung der Beschlussunfähigkeit sind Beschlüsse trotz materiellen Vorliegens der Beschlussunfähigkeit zumindest formell rechtmäßig.

Zur Feststellung der Beschlussunfähigkeit sind aber eine Fraktion oder 5 % der gesetzlichen Mitgliederzahl des Bundestages erforderlich (§ 45 II 1 GOBT). Hier sind weniger als 5 % der Mitglieder des Bundestags anwesend. Sie können nicht eine Beschlussunfähigkeit feststellen lassen. Wie dieses Problem zu lösen ist umstritten.

aa) Nach einer Ansicht ist eine Beschlussfähigkeit in einem solchen Fall nicht anzunehmen. Anderes würde dem **Prinzip der repräsentativen Demokratie** (Art. 20 II GG) widersprechen. Somit würde im vorliegenden Fall die Beschlussfähigkeit des Bundestages fehlen.

bb) Nach einer anderen Ansicht ist die **Funktionsfähigkeit des Parlaments** vorrangig. Es könne nicht immer gewährleistet sein, dass eine Mindestzahl an Abgeordneten im Plenum vorhanden ist. Denn es finden parallel auch Sitzungen, Bürgergespräche, Pressetermine und Tagungen statt. Nach dieser Ansicht würde es an der Beschlussfähigkeit nicht fehlen.

cc) Die Ansichten kommen zu unterschiedlichen Ergebnissen. Eine Stellungnahme ist notwendig. Die Abgeordneten sind **frei und nur ihrem Gewissen unterworfen (Art. 38 GG)**. Das gilt auch für die Frage, ob sie im Plenum sitzen oder andere Termine wahrnehmen. Die Regelungen zur Beschlussfähigkeit liegen in der Geschäftsordungsautonomie des Bundestages (vgl. BVerfGE 44, 316 ff.). Das heißt, die Abgeordneten können selbst entscheiden, wie ihre Beschlüsse in dem Grundgesetz vorgegebenen Rahmen zustande kommen. Eine Beschlussunfähigkeit für den Fall einer geringen Teilnahme ist abzulehnen [andere Ansicht vertretbar].

Damit ist der Gesetzesbeschluss im Bundestag formell rechtmäßig.

b) Fraglich ist, ob der **Bundesrat** hätte **zustimmen** müssen. Eine Zustimmungspflicht besteht nur, wenn dies durch die Verfassung vorgesehen ist. Mit dem Gesetz werden den Ländern auch Vorgaben zum Verwaltungsverfahren gemacht. **Seit der Föderalismusreform enthält Art. 84 I GG eine Zustimmungspflichtigkeit** im Falle einer Regelung des Verwaltungsverfahrens nur noch in Ausnahmefällen (Art. 84 I 6 GG). Ein solcher Ausnahmefall liegt hier nicht vor. Deshalb besteht in diesen Fällen nun lediglich ein Einspruchsrecht. Einen Einspruch des Bundesrates kann der Bundestag überstimmen. Folglich ist der Gesetzesbeschluss auch in dieser Hinsicht formell rechtmäßig.

III. Form
Hier sind Fehler nicht ersichtlich.

Ergebnis: Das Gesetz ist formell verfassungsgemäß.

Sachverhalt

Zu Beginn der Schulferien kommt es immer wieder zu Staus. Grund dafür ist vor allem der Schwerlastverkehr. Deshalb wird die Ermächtigung des Bundesministers für Verkehr, Rechtsverordnungen zu erlassen über die Verhütung einer übermäßigen Abnutzung der Straße, in § 6 I Nr. 3 StVG folgendermaßen ergänzt:

„Entsprechende Rechtsverordnungen können auch Länderminister erlassen, wenn hierfür in dem entsprechenden Bundesland ein besonderes Bedürfnis besteht; eine solche Rechtsverordnung bedarf der Zustimmung des Bundesministers für Verkehr."

Im Land Nordrhein-Westfalen erlässt daraufhin die Kultusministerin eine Verordnung, nach der Lastkraftwagen am ersten Tag der Sommerferien nicht auf den Autobahnen unterwegs sein dürfen. Der Bundesminister für Verkehr hat zugestimmt. A hält sich nicht daran. Er ist Eigentümer einer Spedition und erhält wegen einer Fahrt am ersten Tag der Sommerferien einen Untersagungsbescheid. Dagegen erhebt er Klage vor dem Verwaltungsgericht V. Dieses hält die Verordnungsermächtigung für verfassungswidrig. Kann V dies feststellen oder feststellen lassen?

Hinweis: Hätte A einen *Bußgeldbescheid* bekommen, wäre dagegen ein Einspruch notwendig gewesen und keine Klage.

Lösung

V kann das der Verordnung zugrunde liegende Gesetz (§ 6 I Nr. 3 StVG) nicht wegen einer vermuteten Verfassungswidrigkeit verwerfen, sondern muss es dem dafür zuständigen Gericht, dem BVerfG, vorlegen. In Betracht kommt eine konkrete Normenkontrolle. Diese müsste zulässig und begründet sein.

I. Zuständigkeit des BVerfG

Die Zuständigkeit des BVerfG ergibt sich aus Art. 100 I GG, § 13 Nr. 11, §§ 80 ff. BVerfGG.

II. Zulässigkeit

Die konkrete Normenkontrolle müsste zulässig sein.

1. Vorlageberechtigung

Zuerst müsste V vorlageberechtigt sein. Gemäß § 80 I BVerfGG sind alle deutschen Gerichte vorlageberechtigt. Darunter fallen auch Verwaltungsgerichte. Somit ist auch V vorlageberechtigt.

2. Gegenstand des Verfahrens

Gegenstand des Verfahrens müsste ein formelles Gesetz (Art. 100 I GG) sein. Die Verordnung selbst ist kein zulässiger Vorlagegegenstand, sondern nur das ermächtigende Gesetz (§ 6 I Nr. 3 StVG).

Anmerkung: Hat das Gericht Zweifel an der Verordnung, kann sie diese für nichtig erklären. Hat das Gericht aber, wie hier, Zweifel an der Verfassungsmäßigkeit der Verordnungsermächtigung, muss es eine konkrete Normenkontrolle vor dem BVerfG anstrengen. Wer beide Dinge verwechselt, kann diese Klausur schon nicht mehr bestehen!

---

3. Überzeugung von der Nichtigkeit

Schließlich müsste das Verwaltungsgericht von der Nichtigkeit der Verordnungsermächtigung überzeugt sein (Art. 100 I). Dies ist laut Sachverhalt gegeben.

4. Entscheidungserheblichkeit

Auch müsste eine Entscheidung über die Nichtigkeit der Norm erheblich sein für die Entscheidung des Gerichts im konkreten Fall. Hier geht es um den an A gerichteten Untersagungsbescheid. Der Bescheid erfolgte aufgrund einer Verordnung, zu der die Kultusministerin nach § 6 I Nr. 3 StVG ermächtigt war. Folglich ist eine Entscheidung des BVerfG über die Nichtigkeit von § 6 I Nr. 3 StVG erheblich für die Entscheidung des V im konkreten Fall.

Ergebnis: Die konkrete Normenkontrolle ist zulässig.

III. Begründetheit

Sie müsste auch begründet sein. Dafür dürfte die Verordnungsermächtigung in § 6 I Nr. 3 StVG nicht mit der Verfassung vereinbar sein.

1. Formelle Verfassungsmäßigkeit

An der formellen Rechtmäßigkeit der Verordnungsermächtigung besteht kein Zweifel.

2. Materielle Verfassungsmäßigkeit

Fraglich ist, ob die Verordnungsermächtigung mit dem Grundgesetz vereinbar ist. Prüfungsmaßstab ist Art. 80 I GG.

a) Zulässiger Ermächtigungsadressat

Nach Art. 80 I GG können durch Gesetz die Bundesregierung, ein Bundesminister oder die Landesregierungen ermächtigt werden, Rechtsverordnungen zu erlassen. In der Neufassung von § 6 I Nr. 3 StVG werden die Länderminister ermächtigt, nicht aber die Landesregierungen. Damit ist der falsche Ermächtigungsadressat genannt. Folglich widerspricht die Verordnung Art. 80 I GG.

b) Zulässiges Zustimmungserfordernis des Bundesministers

Fraglich ist, ob die Regelung, wonach Verordnungen der Landesminister „der Zustimmung des Bundesministers für Verkehr" bedürfen, verfassungsgemäß ist. Im Grundgesetz ist die funktionale Trennung von Bundes- und Landesverwaltungen vorgesehen. **Mischverwaltungen** und **Mischgesetzgebungen** sind grundsätzlich nicht möglich und nicht erlaubt. Tendenzen, die in diese Richtung gingen, wurden durch die Reduzierung der Gemeinschaftsaufgaben **im Rahmen der Föderalismusreform zurückgedrängt.** Es ist also Wille des Verfassungsgesetzgebers, eine gegenseitige Abhängigkeit von Bund und Ländern zu vermeiden. Folglich ist die genannte Regelung verfassungswidrig.

c) Bestimmtheitsgebot in Art. 80 I 2 GG

Das Bestimmtheitsgebot aus Art. 80 I 2 GG ist nicht verletzt. Inhalt, Zweck und Ausmaß sind hinreichend bestimmt.

Ergebnis: Die Verordnungsermächtigung ist mit dem Grundgesetz nicht vereinbar. Die konkrete Normenkontrolle ist daher auch begründet.

WAHLPRÜFUNGSBESCHWERDE

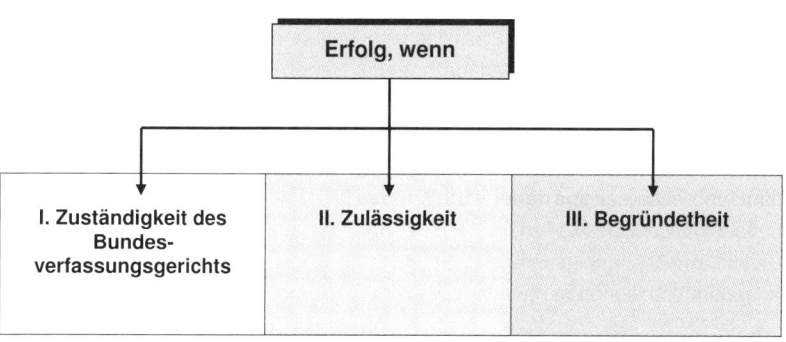

I. Zuständigkeit des Bundes-verfassungsgerichts	II. Zulässigkeit	III. Begründetheit
Art. 41 II GG, §§ 13 Nr. 3 Var. 1, 48 BVerfGG	**1. Antragsteller** (§ 48 I BVerfGG) **2. Antragsgrund** (§ 48 I BVerfGG): Beschluss des Bundestages über die Gültigkeit der Wahl **3. Frist** (§ 48 I BVerfGG): zwei Monate seit Beschluss **4. Form** (§ 48 I BVerfGG): Begründung des Einspruchs	1. Wenn **Wahlfehler** vorgekommen sind (insbesondere Verletzung der Wahlrechtsgrundsätze nach **Art. 38 I 1 GG**) <u>und</u> 2. die Möglichkeit besteht, dass durch einen solchen Fehler das Wahlergebnis in Form der **Sitzver-teilung beeinflusst** worden ist.

Sachverhalt (in Teilen [!] fiktiv)

Bei der Bundestagswahl 2013 scheiterten viele Parteien an der 5 %-Hürde. Besonders hart war die FDP betroffen. Sie kam auf 4,8 % und ist damit erstmals nicht im Bundestag vertreten. Sie hat auch keine drei Direktmandate errungen. Dies ist allerdings der SED-Nachfolgepartei Die Linke gelungen, die im Osten Deutschlands Erfolge verbuchen konnte. Daher sitzen deren Kandidaten nun im Bundestag, obwohl die Partei bundesweit nur einen Stimmenanteil von 3,2 % errungen hat. Der Parteivorstand der FDP hält dies für ungerecht und will dagegen vorgehen. Ihr Vorsitzender V reicht drei Wochen nach der Wahl schriftlich einen Einspruch beim Bundestag ein. Dieser beschließt jedoch, den Einspruch mit Hinweis auf das Bundeswahlgesetz abzulehnen. Die Partei will sich dagegen wehren. Wie kann Sie dies tun und hätte ein Vorgehen Erfolg?

Hinweis: Nach § 1 I WahlprüfungsG entscheidet der Bundestag über die Gültigkeit der Wahlen.

Lösung

Die FDP könnte sich mit Erfolg gegen den Beschluss des Bundestages wenden, soweit eine Wahlprüfungsbeschwerde vor dem Bundesverfassungsgericht Erfolg hat. Dies ist der Fall, wenn sie zulässig und begründet ist.

I. Zuständigkeit

Das Bundesverfassungsgericht muss für die Überprüfung von Ablehnungen einer Wahlprüfung zuständig sein. Die Zuständigkeit ergibt sich aus Art. 41 II GG, §§ 13 Nr.3, 48 ff. BVerfGG.

II. Zulässigkeit

Die Wahlprüfungsbeschwerde ist zulässig, wenn alle Sachentscheidungsvoraussetzungen vorliegen.

1. Beschwerdebefugnis

Nach § 48 I BVerfGG kann die Beschwerde von einem Wahlberechtigten eingelegt werden. Nach § 48 II BVerfGG sind für diesen Beitritt gewisse Formvorschriften zu beachten. Der Beitritt muss persönlich und handschriftlich unter der Angabe persönlicher Daten erfolgen. V könnte als Wahlberechtigter die Beschwerde einlegen. Dann ist er beschwerdebefugt.

2. Beschluss des Bundestages

Der Bundestag muss nach § 48 I BVerfGG einen Beschluss gefasst haben, in dem der Einspruch gegen das Wahlergebnis zurückgewiesen wird. Nach § 13 I 1 WahlprüfungsG hat der Bundestag im vorliegenden Fall den Beschluss gefasst, dass die Wahl gültig war. Gegen diesen Beschluss muss sich der Beschwerdeführer wenden.

3. Frist

Nach § 48 I BVerfGG ist die Wahlprüfungsbeschwerde binnen einer Frist von zwei Monaten nach dem Beschluss des Bundestages einzulegen. Diese Frist muss der Beschwerdeführer beachten.

Ergebnis: Eine Wahlprüfungsbeschwerde wäre folglich zulässig.

II. Begründetheit

Die Wahlprüfungsbeschwerde ist begründet, wenn der Beschluss des Bundestages rechtswidrig war. Der Beschluss des Bundestages ist daher auf seine formelle und materielle Rechtmäßigkeit hin zu überprüfen.

1. Formelle Rechtmäßigkeit des Bundestagsbeschlusses

Der Bundestag müsste für den Erlass eines solchen Beschlusses zuständig gewesen sein. Nach § 1 I WahlprüfungsG entscheidet der Bundestag über die Gültigkeit der Wahlen. Er war also vorliegend zuständig. Verfahren und Form wurden mangels gegenteiliger Angaben eingehalten. Folglich war der Beschluss formell rechtmäßig.

2. Materielle Rechtmäßigkeit des Bundestagsbeschlusses

Der Beschluss des Bundestages ist rechtmäßig, wenn das Bundeswahlgesetz verfassungskonform ist und die Voraussetzungen für eine Zurückweisung des Einspruchs vorliegen.

Nach § 6 VI BWG werden bei der Verteilung der Sitze auf die Landeslisten nur Parteien berücksichtigt, die mindestens fünf vom Hundert (5 %) der im Wahlgebiet abgegebenen Zweitstimmen erhalten oder in mindestens drei Wahlkreisen einen Sitz errungen haben. Die FDP hat keine der beiden Voraussetzungen erfüllt. Nach dem Bundeswahlgesetz stehen ihr daher keine Sitze im Bundestag zu.

Das Bundeswahlgesetz müsste allerdings seinerseits **verfassungsgemäß** sein.

a) Formelle Rechtmäßigkeit des Bundeswahlgesetzes

Die formelle Rechtmäßigkeit umfasst Zuständigkeit, Verfahren und Form. Für den Erlass des Bundeswahlgesetzes ist nach Art. 70 I, 38 III GG der Bund zuständig. Von der Rechtmäßigkeit des Verfahrens und der erforderlichen Form ist auszugehen.

b) Materielle Rechtmäßigkeit des Bundeswahlgesetzes

Das Bundeswahlgesetz müsste auch materiell rechtmäßig sein. Dies ist nicht der Fall, wenn es gegen Vorschriften des Grundgesetzes verstößt. Es kommt vorliegend ein Verstoß gegen den Wahlrechtsgrundsatz der Wahlgleichheit des Art. 38 I GG in Betracht. Es handelt sich dabei um einen speziellen Gleichheitssatz, in dessen Schutzbereich ohne Rechtfertigung eingegriffen worden sein könnte.

aa) Schutzbereich

Das Prinzip der Gleichheit der Wahl ist im Sinne einer strengen und formalen Gleichheit zu verstehen. Aus dem Grundsatz der Wahlgleichheit folgt, dass die Stimme jedes Wahlberechtigten den gleichen Zählwert und die gleiche rechtliche Erfolgschance haben muss. Zählwert und Erfolgswert müssen also grundsätzlich korrespondieren.

bb) Eingriff

Der Zählwert der Stimmen (4,8 %) der FDP spiegelt sich nicht im Erfolgswert wieder, da die FDP keinen einzigen Sitz im Parlament erhält. Folglich liegt ein Eingriff in den Schutzbereich vor.

cc) Verfassungsrechtliche Rechtfertigung

Der Eingriff könnte allerdings gerechtfertigt sein. Dies ist der Fall, wenn zwingende Gründe eine unterschiedliche Behandlung von Zählwert und Erfolgswert notwendig erscheinen lassen.

Es müsste ein **legitimer Zweck** vorliegen, der die 5 %-Hürde zu rechtfertigt. Die Regelung in § 6 VI BWG ist eine Reaktion auf das Wahlsystem der Weimarer Republik. Das damalige Wahlsystem, das eine solche Hürde nicht kannte, führte zu einer Zersplitterung des Parlaments in zahllose Fraktionen. Dadurch wurde eine Regierungsbildung erschwert. Die Hürde verfolgt also den Zweck, die Handlungsfähigkeit des Parlaments sicherzustellen. Dieser Zweck ist legitim.

Die Regelung der 5 %-Hürde ist **geeignet**, diesen Zweck zu erfüllen, indem weniger Fraktionen im Bundestag vertreten sind und dadurch die Regierungsbildung erleichtert wird.

Fraglich ist allerdings, ob die Regelung im Bundeswahlgesetz auch **erforderlich** ist. Es könnte ein milderes Mittel geben, das gleich geeignet ist. Man könnte etwa an eine Absenkung der Hürde auf zwei oder drei Prozent denken. Die Erfahrungen haben gezeigt, dass es nicht viele Parteien gibt, die zwischen drei und fünf Prozent erringen. Insofern stellt sich die Frage, ob die Vertretung von Parteien im Bundestag, die zwischen drei und fünf Prozent der Stimmen erhalten haben, die Parlamentsarbeit zum Erliegen bringen kann.

Dass in der Vergangenheit keine Zersplitterung des Parlaments wie in der Weimarer Republik erfolgt ist, bedeutet jedoch nicht, dass eine Zersplitterung in Zukunft ausgeschlossen ist. Das System soll Probleme in der Zukunft vermeiden. Der Vorteil der Hürde ist, dass die Sitzverteilung im Bundestag dazu führt, dass maximal drei Parteien die Regierung bilden. So können schneller Kompromisse gefunden werden. Zwar wohnt der Höhe der Hürde **eine gewisse Willkür inne**, die allerdings bei allen starren Grenzen vorliegen würde und kein Problem des Wahlrechts ist.

Als **milderes Mittel** kommt aber ein Wahlsystem mit der Möglichkeit von **Alternativstimmen** in Betracht. Man wählt dann wie gewohnt eine Partei, gibt aber zusätzlich an, welche andere Partei man für den Fall wählt, dass die primär gewählte Partei den Einzug in das Parlament nicht schafft. Dann wäre die Stimme nicht verloren. Ein solches System **verkompliziert allerdings das ohnehin mit Erst- und Zweitstimme** komplex ausgestaltete Wahlsystem.

Man darf auch nicht vergessen, dass Parteien mit weniger als fünf Prozent Stimmenanteil berücksichtigt werden, sofern sie mindestens drei Direktmandate erhalten. Dadurch erhalten auch Parteien Sitze, die nur regional stark sind. Die Verhinderung einer Zersplitterung des Parlaments sowie die Gewährleistung der Integration von regional starken Parteien rechtfertigen somit einen Eingriff in die Erfolgswertgleichheit. Folglich ist die **5 %-Hürde auch erforderlich** (Gegenauffassung vertretbar, da bei Europawahlen die 5 %-Hürde anno 2011, und die 3 %-Hürde anno 2014 durch das BVerfG aufgehoben wurde). Ein Verstoß gegen die Wahlrechtsgrundsätze und das ihnen innewohnende Demokratieprinzip liegt nicht vor.

Ergebnis: Die Wahlprüfungsbeschwerde ist unbegründet.

Fall 10

Sachverhalt

Der Bundestag besteht gemäß § 1 I 1 BWG aus mindestens 598 Abgeordneten. Bei den Bundestagswahlen 2013 erreicht die A-Partei 241 Sitze. Da mehr Kandidaten der A-Partei mit der Erststimme gewählt wurden, als nach der Zweitstimme in den Bundestag einziehen würden, erhöht sich durch die Überhangmandate die Anzahl der Sitze um weitere 12 Sitze auf 253 Sitze. Die B-Partei erlangt 227 Sitze und 2 Überhangmandate, also 229 Sitze.

Die C-Partei erreicht nur 4,0 Prozent der Stimmen und würde somit an der 5-Prozent-Hürde scheitern. Jedoch kann die C-Partei 4 Wahlkreise direkt für sich entscheiden, so dass die 4 Prozent der Stimmen nach § 6 VI 2 BWG ebenfalls in Sitze umgerechnet werden. Somit erlangt die C-Partei insgesamt 29 Sitze. Die D-Partei erreicht 42 Sitze, kann jedoch kein Direktmandat erzielen. Genauso geht es der E-Partei, die 59 Sitze ohne Direktmandate erreicht.

Die Regierung bilden zusammen die A-Partei und die E-Partei, die ohne Überhangmandate gerade eine knappe Mehrheit von 300 Sitzen erreicht hätten. Diese Zahl erhöht sich jedoch durch die Überhangmandate um 12 Sitze. Da die B-Partei nur 2 Überhangmandate erreicht, erhöht sich somit insgesamt die Mehrheit um 10 Sitze.

Dies halten die Abgeordneten der B-Partei für untragbar. Es widerspreche dem Wahlrechtsgrundsatz, dass Erfolgswert und Zählwert der Stimme gleich sein müssen, wenn die A-Partei so viel weniger Stimmen für einen weiteren Sitz benötige als eine Partei, die keine Überhangmandate erreiche. Zudem beanstanden sie die Tatsache, dass bei der C-Partei, obwohl diese an der 5 %-Hürde gescheitert ist, durch die Erlangung der Direktmandate auch ihr Zweitstimmenanteil bei der Sitzvergabe berücksichtigt wird.

Die A-Partei und die C-Partei können diese Bedenken nicht verstehen, da sich diese Grundsätze unmittelbar aus § 6 BWG ergeben.

Die Abgeordneten der B-Partei rufen daher das BVerfG an. Sie haben Zweifel an der Verfassungsmäßigkeit von § 6 BWG. Sie berufen sich auf die Gleichheit der Wahl aus Art. 38 I 1 GG.

Lösung

Der Antrag der B-Partei an das BVerfG auf Überprüfung der Verfassungsmäßigkeit von § 6 BWG hat Aussicht auf Erfolg, wenn er zulässig und soweit er
begründet ist.

I. Zuständigkeit

Das BVerfG müsste für diese Überprüfung zuständig sein. Da es um die
Überprüfung einer gesetzlichen Norm, § 6 BWG geht, kommt eine abstrakte
Normenkontrolle in Betracht. Die Zuständigkeit des BVerfG ergibt sich aus Art.
93 I Nr. 2 GG, §§ 13 Nr. 6, 76 ff. BVerfGG.

II. Zulässigkeit

Die abstrakte Normenkontrolle müsste zulässig sein.

1. Antragsberechtigung

Zunächst müssten die Abgeordneten der B-Partei antragsberechtigt sein.
Antragsberechtigt bei der abstrakten Normenkontrolle sind der Bundesrat, eine
Landesregierung oder 1/3 der Abgeordneten des Bundestages. Im gewählten
Bundestag gibt es 598 Sitze. Dazu kommen insgesamt 14 Überhangmandate,
so dass sich die Zahl der Abgeordneten auf 612 erhöht. 1/3 davon sind 204. Da
die B-Partei 229 Abgeordnete entsendet, sind dies somit 1/3 der Mitglieder des
Bundestages. Die Antragsberechtigung liegt vor.

2. Prüfungsgegenstand

Prüfungsgegenstand der abstrakten Normenkontrolle sind Gesetzesvorschriften
im materiellen Sinne ab ihrer Verkündung. Das BWG ist ein materielles
Parlamentsgesetz und auch verkündet. Somit liegt ein zulässiger Prüfungsgegenstand vor.

3. Antragsgrund

Die Abgeordneten machen geltend, dass sie Zweifel an der Verfassungsmäßigkeit von § 6 BWG haben. Fraglich ist, ob dies ausreichend ist, oder ob
eine Überzeugung von der Verfassungswidrigkeit wie bei der konkreten
Normenkontrolle vorliegen muss. Art. 93 I Nr. 2 fordert „**Zweifel**" an der
Verfassungsmäßigkeit während § 76 Nr. 1 BVerfGG ein „**für nichtig halten**"
fordert. Eine einfache Rechtsnorm soll nicht das Verfassungsrecht
einschränken, so dass § 76 Nr. 1 BVerfGG vorliegend verfassungskonform
auszulegen ist. Daher reichen Zweifel an der Verfassungsmäßigkeit aus. Diese

Zweifel an der Vereinbarkeit von § 6 BWG mit Art. 38 I 1 GG haben die Abgeordneten geltend gemacht. Somit liegt ein zulässiger Antragsgrund vor.

4. Form

Mangels gegenteiliger Angaben im Sachverhalt ist davon auszugehen, dass die Schriftform i.S.d. § 23 BVerfGG eingehalten wurde. Eine Frist ist nicht einzuhalten.

Ergebnis: Die abstrakte Normenkontrolle der Abgeordneten der B-Partei ist zulässig.

III. Begründetheit

Ferner müsste die abstrakte Normenkontrolle auch begründet sein. Dies ist gegeben, soweit § 6 BWG gegen Verfassungsrecht verstößt.

1. Eingriff in Art. 38 I 1 GG

Die Abgeordneten bringen vor, dass durch die Gewährung von Überhangmandaten nach § 6 V BWG und der Grundmandatsklausel aus § 6 VI 2 BWG ein Verstoß gegen die Gleichheit der Wahl aus Art. 38 I 1 GG entstehe. Art. 38 I 1 GG fordert die Gleichheit der Wahl. Fraglich ist, ob § 6 BWG diese Gleichheit gewährleistet.

2. Überhangmandate

Fraglich ist zunächst, wie die Überhangmandate zustande gekommen sind und wie diese zu rechtfertigen sind. In Deutschland gilt bei Bundestagwahlen das personalisierte Verhältniswahlrecht. **299 Abgeordnete** werden nach dem **Mehrheitswahlrecht** gewählt, **der Rest nach dem Verhältniswahlrecht**. Daraus ergibt sich auch das Erfordernis von Erst- und Zweitstimmen. Mit der Erststimme wird der aufgestellte Wahlkreisabgeordnete gewählt, mit der Zweitstimme die Liste der Partei, §§ 4, 5 BWG.

Nach § 6 BWG entscheidet die Zweitstimme darüber, wie viele Abgeordnete in das Parlament einziehen dürfen. Es kann jedoch vorkommen, dass mehr Kandidaten mit der Erststimme gewählt werden, als aufgrund des Zweitstimmenanteils Sitze für die Partei vorhanden sind. Da es sich in Deutschland um eine **personalisierte Verhältniswahl** handelt, kann diesen direkt gewählten Kandidaten nicht der Sitz aberkannt werden. Es entstehen Überhangmandate, die zu den über Zweitstimme erreichten Sitzen dazu kommen, § 6 V BWG. Dies führt jedoch zu einem Problem bezüglich der Gleichheit von Zähl- und Erfolgswert.

a) Gleichheit von Zählwert und Erfolgswert

Der Grundsatz der Gleichheit des Zählwertes besagt, dass jeder Wahlberechtigte die gleiche Anzahl an Stimmen bei der Wahl abgeben darf. § 4 BWG schreibt vor, dass dies bei den Bundestagswahlen zwei Stimmen sind. Die Gleichheit des Erfolgswertes der Stimme besagt, dass jede abgegebene Stimme grundsätzlich gleichen Einfluss auf das Wahlergebnis haben muss. Durch die Gewährung von Überhangmandaten benötigt eine Partei allerdings weniger Stimmen für einen weiteren Sitz im Bundestag als eine Partei ohne Überhangmandate. Dies widerspricht dem Grundsatz der Gleichheit des Erfolgswertes.

b) Einschränkung des Grundsatzes

Es ist fraglich, ob dieser Eingriff in die Wahlrechtsgleichheit verfassungsrechtlich zu rechtfertigen ist. Dazu werden unterschiedliche Ansichten vertreten.

aa) Eine Ansicht

Nach einer Auffassung ist der Grundsatz der Erfolgswertgleichheit zwingend zu wahren. Die gegenwärtige Regelung in § 6 V 1 BWG genüge dem nicht, da den Stimmen, die auf ein Überhangmandat angerechnet werden, stärkeres Gewicht als den anderen Stimmen zukommt. Nach dieser Lösung könnte die Vergabe von Überhangmandaten nur dann verfassungsmäßig ausgestaltet werden, wenn die anderen Parteien entsprechende Ausgleichsmandate erhielten.

bb) Überwiegende Auffassung

Nach der überwiegenden Auffassung ist das Entstehen von Überhangmandaten bei einem gemischten Mehrheits- / Verhältniswahlsystem nicht zu vermeiden. Dies ist systemimmanent und daher hinzunehmen. Es ist immerhin eine **Erfolgschancengleichheit der Stimmen** gegeben. Dies soll für den Wahlgleichheitsgrundsatz ausreichen. Erst- und Zweitstimme geben dem Wähler die gleiche Möglichkeit auf das Ergebnis einzuwirken. Dieser Grundsatz wird auch durch die Vergabe von Überhangmandaten nicht angetastet. Nach dieser Ansicht ist der Verstoß gegen die Erfolgswertgleichheit gerechtfertigt und eine Erfolgschancengleichheit ausreichend.

cc) Stellungnahme

Da die Ansichten zu unterschiedlichen Ergebnissen kommen, ist eine Stellungnahme erforderlich. Grundsätzlich ist der verfassungsrechtliche Schutz der Wahlrechtsgrundsätze als leitender Grundsatz zu berücksichtigen. Allerdings ist gleichfalls zu berücksichtigen, dass der Gesetzgeber durch das personalisierte Verhältniswahlrecht ein System geschaffen hat, dass gewisse Lücken aufweist. Diese Lücken sind jedoch **im Falle der Überhangmandate eindeutig zu Gunsten der Mehrheitswahl entschieden worden**. Die von den Bürgern direkt gewählten Kandidaten müssen in jedem Fall ihren Sitz behalten, um der personalisierten Form gerecht zu werden. Die Schaffung von Ausgleichsmandaten würde die Anzahl der Abgeordneten im Bundestag erheblich erhöhen und Regierungsbildungen noch schwieriger gestalten.

Zudem ist es richtig, dass **jede Partei die gleichen Chancen hat, Direktmandate zu gewinnen** und so in den Genuss von Überhangmandaten zu kommen. Die einmalige Situation des Wahlrechtsystems in Deutschland gewährleistet dem Wähler auch ein Stimmensplitting, um eine bestimmte Regierungsbildung zu unterstützen. So kann der Wähler sogar **noch mehr Einfluss auf die politische Willensbildung** nehmen. Es kann daher den Grundsätzen der überwiegenden Auffassung gefolgt werden, dass Überhangmandate bis zu einer bestimmten Anzahl als systemimmanent hinzunehmen sind. Eine solche Grenze könnte sich aus § 6 VI 1 BWG, dem Fünf-Prozent-Quorum, ergeben, das die Handlungsfähigkeit des Parlaments gewährleistet. Somit könnte sich eine **Grenze bei der Vergabe von Überhangmandaten** über fünf Prozent über der hälftigen Verteilung von Mehrheits- und Verhältnis-wahlmandaten ergeben (bei 598 Abgeordneten also <u>30</u> Überhangmandate). Dies ist bei <u>insgesamt 14</u> Überhangmandaten im vorliegenden Fall noch lange nicht gegeben.

Eine verfassungsrechtliche Beeinträchtigung ist somit bei <u>12 Überhang-mandaten für die A-Partei </u>noch nicht gegeben. Alle Parteien hätten die gleiche Möglichkeit gehabt, Überhangmandate zu erreichen und alle Wähler haben die gleiche Möglichkeit gehabt, ihre Partei zu unterstützen. Die Chancengleichheit wird von dem Gesetz gefordert und ist auch eingehalten worden.

3. Grundmandatsklausel
Fraglich ist, ob die Grundmandatsklausel aus § 6 VI 2 BWG gegen die Gleichheit der Wahl verstößt.

Nach § 6 VI BWG müssen die Parteien, damit ihre Zweitstimmen berücksichtigt werden, entweder 5 % der Zweitstimmen erlangen oder drei Direktmandate erlangen. Der Erfolgswert der Stimmen ist jedoch bei einer Partei, die das 5%-Quorum erfüllt, höher als bei einer Partei, die dieses nicht erfüllt. Somit wird erneut das Erfordernis der Gleichheit der Stimmen nicht erfüllt. **Fraglich ist, ob**

diese Ungleichbehandlung zu rechtfertigen ist. Die 5 %-Hürde ist eingeführt worden, um einer **Zersplitterung des Parlaments** in viele kleine Parteien vorzubeugen. Der Gesetzgeber geht davon aus, dass eine Partei, die 5 % der Stimmen erlangt, auch eine demokratische Legitimierung hat, im Parlament vertreten zu sein. Erreicht nun eine Partei drei Direktmandate, entspricht dies gleichfalls einer starken demokratischen Legitimierung, da es gerade für kleine Parteien, die nicht die 5 %-Hürde erreichen, umso schwerer ist, ihre Direktkandidaten durchzusetzen.

Auch das Kriterium der Grundmandatsklausel kann von jeder Partei genutzt werden, so dass eine Chancengleichheit, die Art. 38 I GG erfordert, besteht. Der Grundsatz der repräsentativen Demokratie erfordert die Vertretung kleinerer Parteien, die drei Direktmandate erlangt haben, auch mit ihrer vollen Zweitstimmenanzahl. Nur so kann dem **Wählerwillen** ausreichend Rechnung getragen werden. Zu einer Zersplitterung des Parlaments durch die Gewährung der **Grundmandatsklausel** kann es aus den vorgebrachten Argumenten ebenfalls nicht kommen, da es sehr unwahrscheinlich ist, dass viele kleine Parteien drei Direktmandate erlangen.

Somit ist die Grundmandatsklausel gerechtfertigt.

Zwischenergebnis
In der Gewährung der Überhangmandate liegt kein Verstoß gegen Art. 38 I 1 GG vor. Gleiches gilt für die Gewährung der Grundmandatsklausel nach § 6 VI 2 BWG.

Ergebnis: Die Klage der Abgeordneten der B-Partei unbegründet.

Sachverhalt

Nachdem sich bei der letzten Wahl erneut der Trend des Nicht-Wählens fortgesetzt hatte und nunmehr nur noch 65% der Wahlberechtigten wählen gegangen sind, reicht die Regierung einen Gesetzesentwurf zu einer Wahlpflicht in Deutschland ein. Danach sollen alle Wahlberechtigten verpflichtet sein, ihren Staatsbürgerpflichten in der Form nachzugehen, dass sie wählen müssen. Bei einer Nichtberücksichtigung sollen Sanktionen in Form von Bußgeldern drohen. Damit will die Regierung die demokratische Legitimation von Wahlen stärken und die Bürger dazu animieren, sich für die Politik in ihrem Land zu interessieren. Der Jurastudent S, der von allen Parteien gleichermaßen enttäuscht ist, weil sie in seinen Augen ohnehin nicht am Wohl der Bürger interessiert sind, möchte nicht wählen gehen. Von dem Gesetzesvorschlag fühlt er sich in seinen Grundrechten verletzt. In einer Staatsrechtsvorlesung hatte er gehört, dass es in Deutschland auch negative Grundfreiheiten gebe. Er fragt den befreundeten Rechtsanwalt R, ob es mit der Verfassung vereinbar sei, eine Wahlpflicht in Deutschland einzuführen.

Was wird ihm R antworten?

Lösung

A. Problemaufriss

Die Pflicht der Bürger, an Wahlen teilzunehmen, beschneidet diese in ihrem negativen Recht, nicht zur Wahl zu gehen. Ob dies zu rechtfertigen ist, ist zweifelhaft.

B. Rechtfertigung

Es müsste eine Rechtfertigung für das Beschneiden des staatsbürgerlichen Rechtes auf das Nichtwählen vorliegen.

I. Argumente für eine Wahlpflicht

Von Befürwortern der Wahlpflicht wird oft vorgebracht, dass die Bürger auch staatsbürgerliche Pflichten und nicht nur Rechte in ihrem Land haben. Zu diesen Pflichten gehöre auch das Wählen. Eine demokratische Legitimation der Parlamente könne nur dann vorliegen, wenn ihre Wahl von dem Willen aller Bürger getragen sei.

Zugleich kann eine Wahlpflicht dazu führen, dass die Bürger sich wieder mehr für die Politik in ihrem Land interessieren. Extrempositionen und Extremparteien

könne vorgebeugt werden, wenn alle verpflichtet sind, sich mit Wahl-
programmen auseinanderzusetzen und sich selbst in diesen wieder zu finden.
Sollte sich jemand in keinem der Wahlprogramme vertreten sehen, so habe er
immer noch die Möglichkeit, den Stimmzettel **ungültig zu machen** und damit
auch eine Meinung zum Ausdruck zu bringen. Diese würde dann auch politisch
Berücksichtigung finden.

II. Argumente gegen eine Wahlpflicht

Das Hauptargument gegen die Wahlpflicht ist, dass kein Bürger zu einem
politischen Tun in seinem Land unter Strafe verpflichtet werden sollte. Es soll
das gute Recht der Bürger sein, sich nicht für Politik zu interessieren und
niemanden unterstützen zu wollen. Dieses Recht zu beschneiden sei ein
Eingriff in die Grundrechte, insbesondere in die Allgemeine Handlungsfreiheit
nach Art. 2 I GG. Zudem könne eine niedrige Wahlbeteiligung ebenso wie
ungültige Stimmen eine politische Aussage sein. Es sollte Aufgabe der
Gesellschaft sein, auf dieses Nichtwählen einzugehen. Gelinge es der
Gesellschaft nicht, so müsse sie sich damit abfinden, dass die Wahlbeteiligung
weiter sinkt. Sollte eine Wahlpflicht eingeführt werden, so könne dies dazu
führen, dass die politischen Parteien einen kommerziellen statt einen
inhaltlichen Wahlkampf führen, um mehr Unentschlossene, Enttäuschte und
Politikverdrossene an sich zu binden. Dies bringe die Parteien noch weiter ab
von einem lösungsorientierten Kurs, der die gesellschaftlichen Kräfte und
Bedürfnisse ausgleicht.

III. Abwägung

Nach Art. 38 I 1 GG wird die Freiheit der Wahl gewährleistet. Diese „Freiheit"
meint nicht nur das „Wie", sondern auch das „Ob" der Wahl. Allerdings wird
durch die Möglichkeit der Enthaltung das „Ob" ausreichend geschützt. Niemand
wird also zu einer Wahl im Sinne einer „Auswahl" gezwungen. Eine Wahlpflicht
umfasst nur die Pflicht, überhaupt zur Wahl zu gehen und nicht die Pflicht, sich
für eine Partei oder Wählervereinigung entscheiden zu müssen. Daher steht
Art. 38 I GG einer Wahlpflicht nicht entgegen.

C. Ergebnis

R wird dem S mitteilen, dass es auch in Deutschland die Möglichkeit gibt, eine
Wahlpflicht einzuführen. Einzuhalten ist dabei nur das allgemeine Gesetzgebungsverfahren. Der Bundesrat ist an dem Gesetzgebungsverfahren zu
beteiligen, Art. 76 II GG.

ABSTRAKTE NORMENKONTROLLE

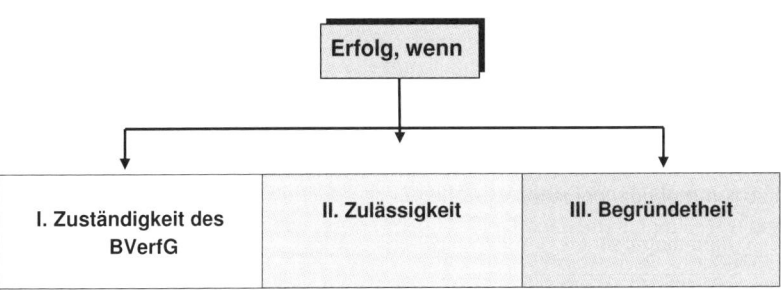

Erfolg, wenn

I. Zuständigkeit des BVerfG	II. Zulässigkeit	III. Begründetheit
Die Zuständigkeit des Bundesverfassungsgerichts ergibt sich aus Art. 93 I Nr.2 GG, §§ 13 Nr. 6, 76 ff. BVerfGG.	**1. Antragsteller** (§ 76 BVerfGG): - Bundesregierung, - Landesregierung, - 1/4 der Mitglieder des Bundestages. **2. Streitgegenstand** (§ 76 BVerfGG): Vereinbarkeit von Bundesrecht oder Landesrecht mit dem GG, Vereinbarkeit von Landesrecht mit dem sonstigen Bundesrecht. **3. Antragsbefugnis** (§ 76 BVerfGG): Meinungsverschieden- heiten oder Zweifel [umstritten, ob Zweifel reichen] über die Vereinbarkeit der Norm mit dem GG. Die beanstandete Norm muss verkündet sein. **4. Form** (§ 23 I BVerfGG) Fristen sind *nicht* zu beachten.	Begründet ist die Klage, wenn die Norm formell oder materiell verfassungswidrig ist. **1. Formelle Rechtmäßig- keit der Norm** a) Kompetenz der Recht- setzung (z.B. darf der Bundestag dies überhaupt regeln? Kann er auf einen Kompetenztitel im GG verweisen?), Art. 70ff b) Verfahren, Art. 70 ff., 76, 78. **2. Materielle Recht- mäßigkeit der Norm** Hier ist abzuwägen, ob die Norm materiell (also inhaltlich) mit der Ver- fassung bzw. die Landesnorm mit Bundes- recht / Verfassung vereinbar ist.

Fall 12

Sachverhalt

Im Jahr 1976 hat der Bundestag das Verwaltungsverfahrensgesetz (VwVfG) beschlossen. Das Gesetz regelt unter anderem die öffentlich-rechtliche Verwaltungstätigkeit der Bundesbehörden und der Landesbehörden, sofern letztere Bundesrecht als eigene Angelegenheit ausführen. Für den Erlass des Gesetzes war der Bund auch zuständig. Der Bundesrat stimmte dem Gesetz zu, es wurde ordnungsgemäß verkündet und trat in Kraft.

Nun wird aus der Mitte des Bundestages das „Gesetz zur Änderung des Verwaltungsverfahrensgesetzes" (VwVfÄndG) eingebracht. In ihm ist eine wesentliche Straffung des Verwaltungsverfahrens vorgesehen. Im Bundestag stößt der Antrag bei der Opposition auf erheblichen Widerstand. Sie kritisiert, dass durch die Verfahrensvereinfachung Personal im öffentlichen Dienst abgebaut werden müsse und das bewährte Verwaltungsverfahren unnötig verändert werde. Dennoch wird das Änderungsgesetz im Bundestag mit der erforderlichen Mehrheit angenommen. Der Bundesrat stimmt dem Gesetz nicht zu. In der Folge überstimmt der Bundestag diese Ansicht des Bundesrates. Das Gesetzgebungsverfahren wird weitergeführt. Das Gesetz wird verkündet.

Nun wenden sich 245 Abgeordnete der Z-Fraktion des Bundestages an das BVerfG mit dem Begehren, die Nichtigkeit des Gesetzes festzustellen. Sie seien von der Nichtigkeit überzeugt, weil das Gesetz förmlich gegen das Grundgesetz verstoße. Es handele sich um ein Zustimmungsgesetz, dem der Bundesrat zustimmen müsse und nicht um ein Einspruchsgesetz. Aus dem gleichen Grund hegt die Regierung des Bundeslandes B Zweifel an der Verfassungsmäßigkeit des Gesetzes. Auch sie begehrt beim BVerfG Feststellung der Nichtigkeit.

Haben die Anträge Aussicht auf Erfolg?

Lösung

Die Anträge haben Aussicht auf Erfolg, wenn sie zulässig und begründet sind.

A. Abstrakte Normenkontrolle

In Betracht kommt zunächst eine abstrakte Normenkontrolle gem. Art. 93 I Nr. 2 GG i. V. m. §§ 13 Nr. 6, 76 ff. BVerfGG.

53

I. Zuständigkeit des BVerfG

Die Zuständigkeit des BVerfG für eine abstrakte Normenkontrolle ergibt sich aus Art. 93 I Nr. 2 GG i. V. m. §§ 13 Nr. 6, 76 ff. BVerfGG.

II. Zulässigkeit

Die abstrakte Normenkontrolle müsste zulässig sein.

1. Antragsberechtigung

Der Antrag auf abstrakte Normenkontrolle kann gem. Art. 93 I Nr. 2 GG i. V. m. §§ 13 Nr. 6, 76 I BVerfGG von der Bundesregierung, einer Landesregierung oder einem Viertel der Bundestagsmitglieder gestellt werden.

a) Hier hat zunächst die Regierung des Landes B einen Antrag gestellt.

b) Des Weiteren haben 245 Abgeordnete den Antrag gestellt. Der Bundestag umfasst zurzeit 614 Abgeordnete (598 + 16 Überhangmandate). 245 stellen damit mehr als 25 vom Hundert aller Abgeordneten des Bundestages. Somit hat die erforderliche Anzahl von Abgeordneten des Bundestages den Antrag auf eine abstrakte Normenkontrolle gestellt.

> **Anmerkung:** Antragstellerin ist somit **nicht die Z-Fraktion**. Fraktionen sind ausweislich des Wortlautes von Art. 93 I Nr. 2 GG und der §§ 13 Nr. 6, 76 I BVerfGG nicht antragsberechtigt.

c) Die Antragsteller sind somit antragsberechtigt.

2. Prüfungsgegenstand

Gegenstand der abstrakten Normenkontrolle können gem. Art. 93 I Nr. 2 GG i. V. m. §§ 13 Nr. 6, 76 I BVerfGG alle Rechtsnormen des Bundes- oder Landesrechts sein, die das Normsetzungsverfahren bereits durchlaufen haben (bei Gesetzen Ausfertigung und Verkündigung, nicht aber Inkrafttreten erforderlich). Hier steht die Verfassungsmäßigkeit eines bereits in Kraft getretenen Bundesgesetzes in Frage. Dieses ist ein tauglicher Prüfungsgegenstand.

3. Antragsbefugnis

Die Antragsteller müssen befugt sein, eine Normenkontrolle zu beantragen. Fraglich ist, ob bloße Zweifel an der Verfassungsmäßigkeit des Gesetzes ausreichen, wie es der Wortlaut des Art. 93 I Nr. 2 GG nahe legt, oder ob eine

Überzeugung von der Nichtigkeit des beanstandeten Gesetzes, wie sie § 76 I Nr. 1 BVerfGG fordert, hinzutreten muss.

a) Antrag der Bundestagsmitglieder

Die Bundestagsmitglieder haben in ihrem Antrag ihre Überzeugung deutlich gemacht, das Änderungsgesetz sei wegen Verfahrensfehlern nichtig. Somit erfüllt der Antrag auch die einengende Voraussetzung des § 76 I Nr. 1 BVerfGG. Die Antragsbefugnis liegt vor.

b) Antrag der Landesregierung

Die Landesregierung spricht in ihrem Antrag lediglich von Zweifeln, dass das Gesetz wegen formeller Verfassungswidrigkeit nichtig sein könnte. Fraglich ist, ob solche Zweifel genügen. Während Art. 93 I Nr. 2 GG Zweifel genügen lässt, fordert § 76 I Nr. 1 BVerfGG eine Überzeugung von der Nichtigkeit der Vorschrift. Danach wäre im vorliegenden Fall der Antrag unzulässig.
Wie diese Divergenz zu lösen ist, ist umstritten.

aa) Einerseits könnte § 76 I Nr. 1 BVerfGG lediglich in zulässiger Weise Art. 93 I Nr. 2 GG klarstellen, so dass eine Überzeugung von der Nichtigkeit des beanstandeten Gesetzes erforderlich wäre.

bb) Andererseits kann aber die Verfassung nicht durch ein einfaches Gesetz eingeschränkt werden, so dass § 76 I Nr. 1 BVerfGG **diesbezüglich teilnichtig bzw. verfassungskonform auszulegen ist** und somit bloße Zweifel an der Verfassungsmäßigkeit – wie sie hier von der Landesregierung geltend gemacht werden – genügen. Damit ist auch die Landesregierung antragsbefugt.

Anmerkung: Eine andere Ansicht ist vertretbar. Wichtig ist, dass das Problem überhaupt gesehen wird. Wird die Antragsbefugnis der Landesregierung abgelehnt, ist eine Prüfung dieses Antrags der Landesregierung mittels Hilfsgutachtens – wie bei der gesamten Klausur – nicht erforderlich, da die Bundestagsmitglieder antragsbefugt sind und daher alle weiteren Probleme angesprochen werden können.

---

4. Form und Frist

Die Anträge müssen der Form des § 23 BVerfGG entsprechen. Die Einhaltung einer Frist ist nicht erforderlich.

Ergebnis: Die Anträge sind zulässig.

III. Begründetheit

Das BVerfG wird das Gesetz den Anträgen entsprechend gemäß § 78 BVerfGG für nichtig erklären, wenn es mit den Vorschriften des GG unvereinbar ist.

1. Formelle Verfassungsmäßigkeit

Das Gesetz muss in formeller Hinsicht mit dem GG übereinstimmen.

a) Zuständigkeit

Die Kompetenz des Bundes zum Erlass des Gesetzes ist laut Sachverhalt gegeben.

b) Verfahren

Das Gesetz ist im Bundestag ordnungsgemäß beschlossen und dem Bundesrat unverzüglich zugeleitet worden (vgl. Art. 77 I GG). Fraglich ist allerdings, ob das Gesetz gemäß Art. 77 II a, 78 GG der Zustimmung des Bundesrates bedurfte und gegebenenfalls die Zustimmung hier erfolgt ist. Handelte es sich lediglich um ein Einspruchsgesetz gem. Art. 77 II, IV, 78 GG, so wäre das Gesetz hier zustande gekommen, da der Bundesrat keinen Einspruch gegen das Gesetz erhoben hat.

Das vorliegende Gesetz ändert ein bereits zustande gekommenes Gesetz ab.

(1) Zustimmungspflichtigkeit des Ursprungsgesetzes

Die Zustimmungspflichtigkeit dieses Änderungsgesetzes könnte davon abhängen, ob schon das Ursprungsgesetz zustimmungspflichtig war. Hier betrifft das VwVfG nicht nur das Bundesverwaltungsverfahren, sondern auch die Landeseigenverwaltung. Das Gesetz war somit (als Ganzes) zustimmungsbedürftig gemäß Art. 84 I GG. Der Bundesrat hatte dem Ursprungsgesetz hier zugestimmt.

(2) Zustimmungspflichtigkeit der Änderungen

Fraglich ist, wann die Änderung eines **ursprünglich zustimmungspflichtigen** Gesetzes der Zustimmung des Bundesrates bedarf.

(a) Mitverantwortungstheorie

Zunächst könnte es genügen, dass der Bundesrat mit seiner Zustimmung zum Ursprungsgesetz die Mitverantwortung für das gesamte Gesetz übernommen hat und damit auch jede Änderung des Gesetzes seiner Zustimmung bedarf

(**Mitverantwortungstheorie**). Damit wäre das Änderungsgesetz ohne Rücksicht auf seinen Inhalt schon zustimmungspflichtig.

(b) Inhalt der Änderungen

Allerdings könnt es überzeugender sein, auf das jeweilige Gesetz selbst abzustellen und zu prüfen, **ob es seinem Inhalt nach** die Zustimmungsbedürftigkeit auslöst. Danach wäre ein Änderungsgesetz **nur** zustimmungspflichtig, **wenn** es (α) selbst neue Regelungen enthält, die ihrerseits die Zustimmungspflichtigkeit auslösen, (β) Bestimmungen eines Gesetzes abändert, die dessen Zustimmungsbedürftigkeit begründet hatten, oder (γ) zwar – formal gesehen – keine zustimmungsbedürftigen Teile eines Gesetzes abändert, diese Änderung aber reflexmäßig die Bedeutung und Tragweite zustimmungspflichtiger Teile des Gesetzes wesentlich verändert.

Hier betrifft die Gesetzesänderung naturgemäß ebenfalls auch das Verfahren der Landeseigenverwaltung. Diese Rechtsmaterie ist nach Art. 84 I 6 GG zustimmungspflichtig, wenn das Gesetz „Einrichtung oder Verfahren der Landesbehörden regelt". Dies ist der Fall.

Der Bundestag konnte den Einspruch des Bundesrates nicht überstimmen.

Ergebnis: Die Anträge sind begründet.

Sachverhalt

Bundestag und Bundesrat haben ein „Gesetz zur Bekämpfung von Terrorismus" beschlossen. Nach diesem Gesetz ist die Bundespolizei zur Abwehr von länderübergreifenden Gefahren des internationalen Terrorismus zuständig. Nun liegt das Gesetz beim Bundespräsidenten (B) zur Verkündung. B hat Bedenken über die Verfassungsmäßigkeit des Gesetzes. Es enthalte viele Grundrechtseingriffe und sei überdies nicht verhältnismäßig. Schließlich gebe es auch keine Gesetzgebungskompetenz des Bundes dafür. B weigert sich, das Gesetz zu verkünden. Handelt er rechtmäßig?

Lösung

B handelt rechtmäßig, wenn er nicht zur Unterzeichnung verpflichtet ist. Eine solche Verpflichtung könnte sich aus Art. 82 I 1 GG ergeben. Danach müssen Gesetze nach den Vorschriften des Grundgesetzes zustande gekommen sein. Fraglich ist, ob B seine Mitwirkung verweigern kann, wenn er der Ansicht ist, dass das Gesetz verfassungswidrig ist.

1. Formelles Prüfungsrecht

Unbestritten hat der Bundespräsident ein formelles Prüfungsrecht und eine Prüfungspflicht. Dies beinhaltet eine Überprüfung auf Verfahrens-, Zuständigkeits- und Formfehler (Art. 70 ff., 76 ff. GG) beim Zustandekommen des Gesetzes. Hier rügt der Bundespräsident eine mangelnde Zuständigkeit. Nach dem **durch die Föderalismusreform eingefügten Art. 73 I Nr. 9 a GG** hat der Bund nun die ausschließliche Gesetzgebung über „die Abwehr von Gefahren des **internationalen Terrorismus** durch das Bundeskriminalpolizeiamt in Fällen, in denen eine länderübergreifende Gefahr vorliegt". Folglich ist eine Bundeszuständigkeit gegeben. Der Bundespräsident irrt also bezüglich der fehlenden Zuständigkeit.

2. Materielles Prüfungsrecht

Fraglich ist, ob der Bundespräsident auch ein materielles Prüfungsrecht hat und ob er die Ausfertigung eines Gesetzes verweigern darf, wenn dieses seiner Ansicht nach inhaltlich gegen die Verfassung verstößt.

a) Dafür spricht, dass formelle und materielle Prüfung **zwei Seiten einer Medaille** sind. Der Inhalt einer Regelung bestimmt die einzuhaltenden Verfahrensregeln. Beispiel: Steht ein Gesetz mit der Verfassung in Widerspruch, ohne dass der Bundestag diese Ansicht teilt, ist es nicht nur materiell verfassungswidrig. Die formelle Verfassungswidrigkeit ergibt sich aus der Nichteinhaltung des in Art. 79 GG vorgeschriebenen Verfahrens zur Verfassungsänderung.

b) Gegen dieses Argument lässt sich anbringen, dass bei der formellen Prüfung **allein auf das gewählte Verfahren** abzustellen ist; zu fragen ist also, ob die Verfahrensvoraussetzungen für das Gewollte eingehalten sind. Zum Beispiel: Beschließt der Bundestag ein einfaches Gesetz, so ist dies nach den Verfahrensvorschriften der Art. 77, 78 GG zu prüfen, weil ein einfaches Gesetz gewollt ist. Die Form bestimmt das Verfahren.

c) Für ein materielles Prüfungsrecht spricht hingegen, dass der Bundespräsident das Recht auch zur materiellen Prüfung haben muss, da er sich durch das Inkraftsetzen eines verfassungswidrigen Gesetzes der **Präsidentenanklage gemäß Art. 61 I GG** ausliefern könnte.

d) Dies aber ist ein **Zirkelschluss**. Wenn der Bundespräsident kein Recht zur Prüfung hat, kann auch er nicht wegen Unterlassens der Prüfung zur Verantwortung gezogen werden.

e) Für ein materielles Prüfungsrecht könnte weiterhin sprechen, dass der **Amtseid** (Art. 56 GG) den Bundespräsidenten auf die Gesamtheit der Verfassung, nicht nur auf formelle Vorschriften verpflichtet.

f) Auch dies ist ein **Zirkelschluss**. Eine Verletzung des Amtseides kann nicht gegeben sein, wenn sich der Bundespräsident an seine Kompetenzen hält.

g) Diese Kompetenzen umfassen nach der anderen Ansicht aber auch das materielle Prüfungsrecht. Ohne eine derartige Kompetenz wäre der Bundespräsident nur eine „**Marionette" des Parlaments**.

h) Dagegen spricht, dass der Bundespräsident eine „**repräsentative Funktion**" ausübt. Anders als in Frankreich oder Russland wollte ihn der deutsche Verfassungsgeber mit wenigen eigenen Rechten ausstatten.

i) Allerdings ist zu bedenken, dass der Bundespräsident **oberstes Staatsorgan** ist. Weil er das Recht zur formellen Prüfung hat, muss er auch ein Recht zur materiellen Prüfung haben. Anderes wäre einem obersten Staatsorgan nicht angemessen.

j) In Art. 82 I 1 GG ist von „nach den Vorschriften dieses GG zustande gekommenen Gesetzen" die Rede. Das „**Zustandekommen**" wird in Art. 78 GG definiert. Dort ist **allein von verfahrensrechtlichen Voraussetzungen** die Rede. Das würde das Prüfungsrecht auf formelle Punkte begrenzen.

k) Allerdings wird in Art. 82 I 1 GG auch auf „Vorschriften dieses Grundgesetzes" Bezug genommen. Dies können auch materielle Vorschriften sein. Außerdem müssen die Worte „zustande gekommen" in Art. 82 I 1 GG **nicht zwingend die gleiche Bedeutung** wie in Art. 78 GG aufweisen.

l) Ein materielles Prüfungsrecht würde eine Normenkontrollkompetenz darstellen, welche aber nur dem BVerfG zusteht (Art. 93 I Nr. 2 GG). Der Bundespräsident hat folglich nicht nur keine eigene Kompetenz, er kann auch **nicht einmal das BVerfG im Wege der abstrakten Normenkontrolle anrufen**, da er dort nicht antragsberechtigt ist (Art. 93 I Nr. 2 GG, § 76 BVerfGG).

m) Für ein materielles Prüfungsrecht spricht aber, dass der Bundespräsident Teil des Gesetzgebungsverfahrens ist. Eine Verweigerung des Bundespräsidenten verwirft nicht eine bestehende Norm, sondern verhindert ihr Entstehen (bzw. Inkrafttreten). Diese Verhinderung ist allerdings nicht endgültig, da der Bundestag gegen die Entscheidung des Bundespräsidenten ein Organstreitverfahren (Art. 93 I Nr. 1 GG, §§ 63 ff. BVerfGG) anstrengen kann. Das BVerfG dagegen prüft die Verfassungsmäßigkeit des Gesetzes und erklärt dieses, bei festgestellter Verfassungswidrigkeit, endgültig für nichtig. Folglich ist ein mat. Prüfungsrecht nicht mit einer Normenkontrollkompetenz vergleichbar.

Stellungnahme: Dass der Bundespräsident bei der Normenkontrolle nicht antragsberechtigt ist, zeigt, dass er keine Möglichkeit hat, eine endgültige Klärung über die Verfassungsmäßigkeit eines Gesetzes herbeizuführen. Weigert sich der Bundespräsident, **„sehenden Auges" an einem Verfassungsverstoß mitzuwirken,** könnte ihn sogar das BVerfG im Rahmen des Organstreits dazu verurteilen, das Gesetz auszufertigen.

Dieses Ergebnis ist mit dem Ansehen des BVerfG als "Hüter der Verfassung" und den Rechtsstaatsgedanken kaum zu vereinbaren. Deshalb ist das materielle Prüfungsrecht zu bejahen. Dann kann das BVerfG den Bundespräsidenten auch nicht verurteilen, ein Gesetz ohne Prüfung auszufertigen.

3. Eine inhaltliche Prüfung des Gesetzes auf seine Verhältnismäßigkeit ist nicht möglich, da der Sachverhalt den Wortlaut nicht angibt.

Ergebnis: Der Bundespräsident handelt rechtmäßig, wenn er für sich ein Prüfungsrecht beansprucht.

Sachverhalt

Nachdem in Deutschlands Schulen hinsichtlich der Rechtschreibung große Verwirrungen eingetreten sind und auch die Medien eine unterschiedliche Rechtschreibung verwenden, beschließen Bundestag und Bundesrat, regelnd einzugreifen.

In einem „Gesetz über die Rechtschreibung in Deutschland" wird festgelegt, dass die in dem Anhang zum Gesetz aufgeführten Schreibweisen für alle Schulen, Verlage und öffentlichen Einrichtungen bindend sind. Der Anhang umfasst über 1000 Seiten und gleicht im Aufbau einem Wörterbuch. Die Verlage haben bereits an der formellen Verfassungsmäßigkeit des Gesetzes Zweifel und bitten Sie als Rechtsanwalt um Rat. Ist das Gesetz formell verfassungskonform?

Lösung

Das Gesetz ist formell verfassungskonform, wenn der Bund zuständig war, das Gesetzgebungsverfahren und die Formvorschriften eingehalten wurden.

I. Zuständigkeit

Der Bund müsste die Gesetzgebungskompetenz für das „Gesetz über die Rechtschreibung in Deutschland" gehabt haben.

1. Geschriebene Gesetzgebungskompetenzen

a) Grundsätzlich haben die Länder nach Art. 30, 70 I GG die Gesetzgebungskompetenz. Diese Regel gilt allerdings nicht, wenn dem Bund ausdrücklich die Kompetenz zum Erlass von Gesetzen in der entsprechenden Materie zugewiesen ist. Eine Zuweisung kommt aufgrund von Art. 71 ff. GG oder durch eine **ungeschriebene Gesetzgebungskompetenz** des Bundes zustande. Liegt ein Fall der ausschließlichen Gesetzgebung vor (Art. 71, 73 GG) vor, so darf die Materie nur vom Bund und nicht von den Ländern geregelt werden.

Betrachtet man den Katalog der **ausschließlichen Gesetzgebung** in Art. 73 GG, findet man keinen Anknüpfungspunkt für die Materie des Rechtschreibgesetzes. Auch außerhalb des Kataloges in Art. 73 GG finden sich im Grundgesetz keine entsprechenden Zuständigkeitsnormen, die dem Bund eine ausschließliche Regelungskompetenz zuweisen.

b) Bei der konkurrierenden Gesetzgebung (Art. 72, 74 GG) haben die Länder die Befugnis zur Gesetzgebung, solange und soweit der Bund von seiner Gesetzgebungszuständigkeit nicht Gebrauch gemacht hat. Der Bund darf allerdings im Rahmen der Art. 74 I Nr. 4, 7, 11, 13, 15, 19 a, 20, 22, 25 und 26 GG nur regelnd tätig werden, **wenn und soweit** die Herstellung gleichwertiger Lebensverhältnisse im Bundesgebiet oder die Wahrung der Rechts- oder Wirtschaftseinheit im gesamtstaatlichen Interesse **eine bundeseinheitliche Regelung erforderlich machten** (Art. 72 II GG in neuer Fassung seit der Föderalismusreform). Im Katalog des Art. 74 GG findet man keinen Anknüpfungspunkt für die Materie des Rechtschreibgesetzes, die dem Bund eine konkurrierende Gesetzgebungskompetenz zuweist.

Es gibt keine geschriebene Gesetzgebungskompetenz, nach der der Bund das Recht hat, ein Rechtschreibungsgesetz zu erlassen.

2. Ungeschriebene Gesetzgebungskompetenzen

Es könnte allerdings eine ungeschriebene Kompetenz eingreifen. Als ungeschriebene Kompetenzen sind die Kompetenz kraft Natur der Sache, die Kompetenz kraft Sachzusammenhang und die Annexkompetenz anerkannt.

a) Die Kompetenz **kraft Natur der Sache** greift ein, wenn ein Sachgebiet seiner Natur nach eine eigene, der Gesetzgebungszuständigkeit der Länder von vornherein entrückte Angelegenheit des Bundes darstellt, die nur durch den Bund geregelt werden kann. Eine Kompetenz der Länder muss als geradezu abwegig erscheinen. Beispielsweise leuchtet ein, dass die Festlegung der Nationalhymne oder, vor Einführung des **durch die Föderalismusreform neuen Art. 22 I GG** auch die Bestimmung der Bundeshauptstadt, in den Kompetenzbereich des Bundes fallen, da eine Regelung durch die Länder absurd wäre.

Für eine solche Kompetenz kraft Natur der Sache für das Rechtschreibgesetz spricht, dass die Schrift als Kommunikationsmittel **im gesamten Sprachraum ein hohes Maß an Einheitlichkeit voraussetzt,** wenn die grundrechtlich verbürgte Kommunikationsmöglichkeit erhalten bleiben soll. Den Ländern ist allerdings die Herstellung von Einheitlichkeit verfassungsrechtlich im Wege der Selbstkoordinierung, durch Abstimmung mit dem Bund und durch Absprachen mit auswärtigen Staaten, in denen deutsch in einem ins Gewicht fallenden Umfang gesprochen und geschrieben wird, auf der Grundlage von Art. 32 III

GG möglich. Das Erfordernis eines hohen Maßes an einheitlicher Schreibung, ohne welches Lesbarkeit und Verständlichkeit von Texten und damit Kommunikation zwischen den Schreibenden nicht möglich sind, bedeutet nicht notwendig Übereinstimmung in allen Einzelheiten. Deshalb ist eine bundeseinheitliche Regelung kraft Natur der Sache auch nicht nötig. Eine Regelung über die Rechtschreibung könnte auch von den Ländern im Wege der Selbstkoordination erlassen werden.

b) Es könnte eine Regelungskompetenz **kraft Sachzusammenhangs** vorliegen. Diese greift ein, wenn dem Bund ausdrücklich eine Regelungs-materie zugewiesen wurde, die aber sinnvoller Weise nicht geregelt werden kann, ohne dann zugleich eine eng damit verknüpfte Materie mitgeregelt wird. Das **Übergreifen in den Bereich der Länder muss eine unerlässliche Voraussetzung** für die Regelung der zugewiesenen Materie sein. Ein solcher Anknüpfungspunkt kommt vorliegend nicht in Betracht.

c) Die **Annexkompetenz** bedeutet, dass eine Materie, die mit einer anderen in Zusammenhang steht, vom Bund mitgeregelt wird. Während die Kompetenz kraft Sachzusammenhang eher in die „Breite" geht, soll die Annexkompetenz eher **in die „Tiefe" der Regelung** gehen. Die Rechtsprechung differenziert seit einiger Zeit zwischen beiden nicht mehr, da die Abgrenzung schwierig ist (seit BVerfGE 98, 265, 299). Auch eine Annexkompetenz ist im vorliegenden Fall nicht ersichtlich.

2. Verfahren und Form
In dieser Hinsicht sind keine Fehler ersichtlich.

Ergebnis: Da keine Kompetenz des Bundes existiert, steht den Ländern nach Art. 30, 70 I GG das Recht zu, die Materie zu regeln. Daher ist das vom Bund erlassene „Gesetz über die Rechtschreibung in Deutschland" formell verfassungswidrig.

KONKRETE NORMENKONTROLLE

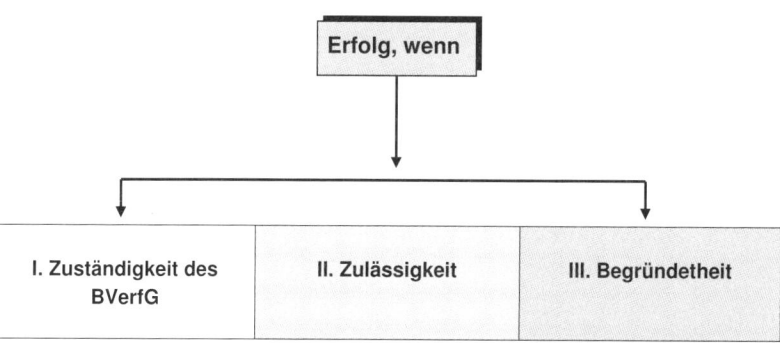

I. Zuständigkeit des BVerfG	II. Zulässigkeit	III. Begründetheit
Die Zuständigkeit des Bundesverfassungsgerichts ergibt sich aus Art. 100 I GG, § 13 Nr. 11, §§ 80 ff. BVerfGG.	1. **Vorlageberechtigung** (§ 80 I BVerfGG): alle deutschen Gerichte. 2. **Gegenstand des Verfahrens**: Formelle Gesetze (nicht Rechtsverordnungen oder Satzungen; diese können von den Fachgerichten selbst verworfen werden). 3. Gericht muss **überzeugt** sein von Nichtigkeit der Norm (Art. 100 I). 4. **Entscheidungserheblichkeit** (Art. 100 I): Entscheidung über Nichtigkeit der Norm ist erheblich für die Entscheidung des Gerichts im konkreten Fall. 5. **Form** (§§ 23 I, 80 II BVerfGG): Ordnungsgemäße Vorlagebegründung.	Begründet ist die Vorlage, wenn die Norm formell oder materiell verfassungswidrig ist *(identisch mit der Begründetheit der abstrakten Normenkontrolle):* 1. **Formelle Rechtmäßigkeit der Norm** a) Kompetenz der Rechtsetzung (z.B. durfte der Bundestag diese Norm überhaupt setzen? Kann er auf einen Kompetenztitel im GG verweisen?), Art. 70 ff. b) Verfahren, Art. 70 ff., 76, 78. 2. **Materielle Rechtmäßigkeit der Norm** Hier ist abzuwägen, ob die Norm materiell (also inhaltlich) mit der Verfassung bzw. die Landesnorm mit Bundesrecht / Verfassung vereinbar ist.

Sachverhalt

Deutschland und Polen wollen, gerade im Hinblick auf ihre Geschichte, die kulturelle Zusammenarbeit verbessern. Dazu wird ein großer jährlicher Studentenaustausch vereinbart. Damit in Deutschland genügend akademischer Nachwuchs an dem Programm teilnehmen kann, schließt die Bundesrepublik einen als Kulturabkommen bezeichneten Vertrag mit Polen. Darin heißt es unter anderem: „§ 4. Alle Studenten des Faches Geschichte (Haupt- und Nebenfach) an einer deutschen Hochschule müssen gute Polnischkenntnisse haben. Diese sind in der Zwischenprüfung nachzuweisen. Diese Regelung gilt für alle neu immatrikulierten Studenten ab dem kommenden Wintersemester." Vor Abschluss des Vertrages hatte die Bundesregierung eine Verständigung mit den Ländern erzielt. Der Bundestag stimmt den Plänen in einem Gesetz zu, es wird ordnungsgemäß verkündet. Student S plant, im kommenden Wintersemester sein Geschichtsstudium aufzunehmen. Polnisch will er nicht lernen, was er gegenüber der Universität auch deutlich macht. Daraufhin verweigert ihm die Universität die Immatrikulation, weil sie den Studienplatz nicht mit jemandem besetzen möchte, der mit der Zwischenprüfung ausscheiden muss. S wehrt sich gerichtlich gegen diese Entscheidung. Die zuständige Verwaltungsrichterin V hält das „Kulturabkommen" mangels Kompetenz des Bundes für ganz klar verfassungswidrig. Hat sie Recht und was kann sie tun?

Lösung

V kann das „Kulturabkommen" nicht selbst aufgrund einer vermuteten Verfassungswidrigkeit verwerfen, sondern muss es dem dafür zuständigen Gericht, dem BVerfG, vorlegen. In Betracht kommt eine konkrete Normenkontrolle. Diese müsste zulässig und begründet sein.

I. Zuständigkeit des BVerfG

Die Zuständigkeit des BVerfG ergibt sich aus Art. 100 I GG, § 13 Nr. 11, §§ 80 ff. BVerfGG.

II. Zulässigkeit

Die konkrete Normenkontrolle müsste zulässig sein.

1. Vorlageberechtigung

Zuerst müsste die Verwaltungsrichterin V vorlageberechtigt sein. Gemäß § 80 I BVerfGG sind alle deutschen Gerichte vorlageberechtigt. Darunter fallen auch Verwaltungsgerichte. Somit ist auch V vorlageberechtigt.

2. Gegenstand des Verfahrens

Gegenstand des Verfahrens müsste ein formelles Gesetz (Art. 100 I GG) sein. Das Kulturabkommen, ein Vertrag zwischen Deutschland und Polen, entfaltet keine Gesetzeswirkung. Es ist **daher nicht unmittelbar Gegenstand des Verfahrens**. In Betracht kommt als Gesetz folglich **das Zustimmungsgesetz** des Bundestages nach Art. 59 II GG. Dieses entfaltet als formelles Gesetz Rechtswirkungen und ist daher tauglicher Gegenstand des Verfahrens (vgl. BVerfGE 63, 140).

3. Überzeugt von der Nichtigkeit

Schließlich müsste das Verwaltungsgericht von der Nichtigkeit des Abkommens überzeugt sein (Art. 100 I). V hält das Kulturabkommen für „ganz klar verfassungswidrig". Somit ist sie von der Nichtigkeit des Abkommens überzeugt.

4. Entscheidungserheblichkeit

Auch müsste eine Entscheidung über die Nichtigkeit der Norm erheblich sein für die Entscheidung des Gerichts im konkreten Fall. Hier geht es um die Immatrikulation des S. Diese Immatrikulation kann von der Universität verweigert werden, wenn S von vornherein darlegt, die Prüfungsanforderungen nicht erfüllen zu wollen. Die Prüfungsanforderungen werden auch vom Gesetz des Bundestages zum Kulturabkommen mit Polen festgelegt. Folglich ist eine Entscheidung des BVerfG über die Nichtigkeit des Gesetzes erheblich für die Entscheidung der Verwaltungsrichterin V im konkreten Fall.

Ergebnis: Die konkrete Normenkontrolle ist zulässig.

III. Begründetheit

Die Klage müsste auch begründet sein. Das Zustimmungsgesetz zum Kulturabkommen könnte mangels Bundeskompetenz nicht mit der Verfassung vereinbar sein.

Der Bund dürfte also keine Kompetenz zum Erlass eines solchen Zustimmungsgesetzes zum Kulturabkommen haben. Grundsätzlich liegt die Kompetenz nach Art. 30 GG bei den Ländern.

1. In Art. 32 I GG regelt die Verfassung für **die Pflege der Beziehungen zu auswärtigen Staaten** aber etwas anderes. Danach ist der Bund zuständig. Zur Beziehungspflege gehört auch der Abschluss völkerrechtlicher Verträge. Um einen solchen Vertrag handelt es sich bei dem Kulturabkommen mit Polen.

2. Die Zuständigkeit des Bundes wäre allerdings dann nicht gegeben, wenn zum Abschluss eines solchen Vertrages die Länder **ausschließlich zuständig wären**. Dies könnte sich aus Art. 32 III GG ergeben. Danach können die Länder mit Zustimmung der Bundesregierung Verträge mit auswärtigen Staaten abschließen, wenn sie (die Länder) für die Gesetzgebung zuständig sind. Der Wortlaut lässt es im Unklaren, ob – neben den Ländern – auch der Bund, sozusagen konkurrierend, in diesen Bereichen Verträge schließen kann. Dies ist umstritten.

a) Nach der **föderalistischen Theorie** steht dem Bund auf den Gebieten der ausschließlichen Gesetzgebung der Länder bereits keine Abschlusskompetenz zu. Dies folgt daraus, dass er hier keine Möglichkeiten hat, die eingegangenen Verpflichtungen umzusetzen. Ohne die Umsetzung schafft ein völkerrechtlicher Vertrag aber keine Rechtswirkungen für den Einzelnen, zum Beispiel S. Eine solche Rechtswirkung könnte in diesen Materien ausschließlich durch die Länder erfolgen. **Diese sind aber an einem völkerrechtlichen Vertrag des Bundes nicht beteiligt.**[2] Die Hochschulpolitik ist **seit der Föderalismus-reform** Gegenstand der Gesetzgebung der Länder. Nur die Hochschul-zulassung und die Hochschulabschlüsse fallen **nach dem neuen Art. 74 I Nr. 33 GG** in die konkurrierende Gesetzgebungskompetenz. Damit hätte der Bund keine Abschlusskompetenz für den Vertrag gehabt. Das Gesetz wäre verfassungswidrig.

b) Für die **zentralistische Theorie**, nach der der Bund auf allen Gebieten eine Abschlusskompetenz hat, spricht der Wortlaut von Art. 32 I GG. Danach ist die Pflege der Beziehungen zu auswärtigen Staaten ohne Einschränkungen Sache

---

[2] Der Streit, ob der Inhalt des völkerrechtlichen Vertrages durch eine Transformation („dualistische Theorie") oder eine Vollziehung („monistische Theorie") Teil des innerdeutschen Rechts wird, ist hier unerheblich. Irgendeine Art der Umsetzung muss es geben, da der völkerrechtliche Vertrag sich nicht selbst vollziehen kann.

des Bundes. Auch der Wortlaut von Art. 32 III GG scheint dafür zu sprechen. Danach soll den Ländern neben der **primären Kompetenz** in auswärtigen Angelegenheiten eine zusätzliche, ergänzende Kompetenz eingeräumt werden. Sollte hier anderes gemeint sein, hätte eine andere Formulierung nahegelegen, etwa in dem Sinne „...schließen die Verträge". Schließlich ist es **internationaler Standard,** dass Vertragsverhandlungen mit Gesamtstaaten geschlossen werden. Die Bundesrepublik wäre sonst auch nur beschränkt handlungsfähig. Damit hätte der Bund eine Abschlusskompetenz für den Vertrag gehabt. Das Gesetz wäre verfassungsgemäß.

c) Die Ansichten kommen zu unterschiedlichen Ergebnissen. Eine Streitentscheidung ist somit erforderlich. Wenn **Abschluss- und Transformationskompetenz auseinander fallen,** kann der Bund den Ländern unbegrenzt Verpflichtungen auferlegen. Dies spricht für die föderalistische Theorie. Allerdings würde das bedeuten, dass sich die Bundesrepublik an vielen multilateralen Verträgen und internationalen Organisationen überhaupt nicht beteiligen kann. Es muss also eine Lösung gefunden werden, die beide Interessen berücksichtigt.

Man könnte dafür verlangen, dass der Bund eine Abschlusskompetenz für alle Materien hat. Sind dabei **ausschließliche Gesetzgebungskompetenzen** der Länder betroffen, darf der Bund nur im Einverständnis mit den Ländern (nicht: Bundesrat, sondern: Landesregierungen) tätig werden. Dies ist auch im „Lindauer Abkommen" festgelegt.[3] Im vorliegenden Fall wurde der Bund im Einverständnis mit den Ländern tätig. Damit liegt eine **Abschlusskompetenz** vor.

Folglich ist das Zustimmungsgesetz zum Kulturabkommen nicht mangels Bundeskompetenz mit der Verfassung unvereinbar.

Ergebnis: Die konkrete Normenkontrolle ist unbegründet.

---

[3] Der Streit, **ob das Lindauer Abkommen verfassungsgemäß ist, kann dahinstehen.** Die hier gefundene Lösung ist praktikabel und wäre auch dann anzunehmen, wenn dieses Abkommen nicht bestünde. Deshalb nur kurz: Die Anhänger der föderalistischen Theorie meinen, dass das Lindauer Abkommen wegen einer Durchbrechung der verfassungsrechtlichen Zuständigkeitsverteilung verfassungswidrig ist. Denn die Länder übertragen die ihnen zustehende Abschlusskompetenz auf den Bund. Das ist aber nur in einem Verfahren nach Art. 79 I, II GG möglich. Zudem stellt der Bund Einigkeit her mit den Landesregierungen, nicht aber den Landesparlamenten.

Sachverhalt

Nach Auffassung der Bundesregierung bilden zu wenige Betriebe aus. Es wird deshalb durch den Bundestag eine gesetzliche Ausbildungsplatzabgabe, befristet auf drei Jahre, eingeführt: Betriebe, die nicht ausbilden, obwohl sie eine entsprechende Größe und einen gewissen Umsatz haben, müssen eine Abgabe bezahlen. Mit dem Geld werden Betriebe unterstützt, die Ausbildungs-plätze anbieten. Um festzustellen, welche Betriebe unter die Vorschrift fallen, müssen nach Landesrecht Behörden geschaffen werden, die Einblick in die Geschäftsbücher nehmen dürfen. Ist das Gesetz verfassungsgemäß?

Lösung

Das Gesetz zur Einführung einer Ausbildungsabgabe müsste formell und materiell verfassungsgemäß sein.

I. Formelle Verfassungsmäßigkeit

Fraglich ist bereits die formelle Verfassungsmäßigkeit.

1. Kompetenz

Der Bund müsste die Kompetenz zur Einführung einer gesetzlichen Ausbildungsplatzabgabe haben. Grundsätzlich liegt die Kompetenz nach Art. 30 GG bei den Ländern.

a) Etwas anderes gilt bei Geldleistungspflichten wie Steuern (Art. 105 GG) und Gebühren sowie Beiträgen (Art. 73 ff. GG). Zunächst ist also zu klären, ob es sich bei der Ausbildungsplatzabgabe um eine **Steuer oder eine Sonder-abgabe** handelt.

aa) Steuern im Sinne von Art. 105 GG sind Geldleistungen, die keine Gegenleistung für eine besondere Leistung darstellen. Sie werden vielmehr von einem öffentlich-rechtlichen Gemeinwesen zur **Erzielung von Einnahmen** allen auferlegt, bei denen der Tatbestand zutrifft, an den das Gesetz die Leistungspflicht knüpft.

bb) Geldleistungspflichten, die nicht dem allgemeinen Finanzbedarf des Bundes dienen, sondern als **ein besonderes zweckbezogenes Mittel** zur Bewältigung einer besonderen Aufgabe geschaffen werden, und dabei auf eine bestimmte Gruppe von Abgabenpflichtigen zugreifen, sind Sonderabgaben. Sie sind nach Art. 73 ff. GG zulässig. Einer besonderen Spezialermächtigung bedarf es nicht (Beispiel: Kohlepfennig).

cc) Die Ausbildungsplatzabgabe dient **nicht** dem **allgemeinen Finanzbedarf**. Die Abgabe soll vielmehr zweckbezogen eine besondere Aufgabe bewältigen. Die aus der Abgabe gewonnenen Mittel fließen **nicht in den Staatshaushalt**, sondern werden zur Förderung von Ausbildungsbetrieben verwandt. Es handelt sich folglich nicht um eine Steuer, für die Art. 105 GG einschlägig wäre, sondern um eine **Sonderabgabe**.

b) Fraglich ist, wem nach Art. 73 ff. GG die Kompetenz zur Erhebung der Sonderabgabe zusteht. Ein Gegenstand der ausschließlichen Gesetzgebung aus Art. 73 GG kommt nicht in Betracht.

aa) Konkurrierende Gesetzgebung, Art. 74 I GG
Die Regelung zur Ausbildungsplatzabgabe könnte unter eine Kompetenz-vorschrift der konkurrierenden Gesetzgebung fallen. In Betracht kommt Art. 74 I Nr. 11 GG. Dabei ist die Kompetenznorm „Recht der Wirtschaft" weit auszulegen. Sie umfasst nicht nur Vorschriften, die sich in irgendeiner Form auf die Erzeugung, Herstellung und Verteilung von Gütern des wirtschaftlichen Bedarfs beziehen, sondern auch alle anderen das wirtschaftliche Leben und die wirtschaftliche Betätigung als solche regelnden Normen und Gesetze mit wirtschaftsregulierendem oder wirtschaftslenkendem Inhalt. Insbesondere berufsregelnde Gesetze fallen hierunter. Nicht darunter fallen allerdings die durch die **Föderalismusreform ausgenommenen Materien, die in Art. 74 I Nr. 11 GG** aufgelistet werden, wie das Recht des Ladenschlusses oder der Gaststätten. Die Regelungen zur Berufsausübung sind aber nicht ausgenommen. Folglich fällt die Regelung zur Ausbildungsabgabe unter die konkurrierende Gesetzgebung.

bb) Erforderlichkeitsklausel, Art. 72 II GG i.V.m. Art. 74 I Nr. 11
Im Fall der konkurrierenden Gesetzgebung hat der Bund das Gesetzgebungs-recht gemäß Art. 72 II GG nur in den genannten Fällen (**seit der Föderalismusreform abschließende Aufzählung**: darunter fällt auch Art. 74 I Nr. 11 GG), wenn und soweit die Herstellung gleichwertiger Lebensverhältnisse im Bundesgebiet **oder** die Wahrung der Rechts- oder Wirtschaftseinheit im gesamtdeutschen Interesse eine bundesgesetzliche Regelung erforderlich machten.

(1) Die **Herstellung gleichwertiger Lebensverhältnisse** wird von der Abgabe nicht berührt. In Betracht kommt nur die Wahrung der Rechts- oder Wirtschaftseinheit. Darunter wird eine gleiche Regelung in allen Teilen Deutschlands verstanden. Eine bundesweite Gestaltung der Ausbildungsplatzabgabe führt zu einer Rechtseinheit.

(2) Diese Einheit müsste im **gesamtdeutschen Interesse erforderlich** sein. Erforderlichkeit ist ein unbestimmter Rechtsbegriff. Für dessen Auslegung hat der Bundesgesetzgeber im Rahmen seiner Prognose einen Spielraum. Bei der Überprüfung der Verfassungsmäßigkeit kann nicht einfach die Auslegung eines anderen, zum Beispiel des BVerfG, an die Stelle der Auslegung des Bundes treten. Vielmehr hat sich die Überprüfung auf die Frage zu beschränken, ob der Bund ein erforderliches gesamtdeutsches Interesse grundsätzlich fehlerhaft angenommen hat. Gegen eine solche Erforderlichkeit spricht die **Theorie des Wettbewerbsföderalismus** (vgl. Zenthöfer: Wettbewerbsföderalismus, 1. Auflage 2006). Danach sollen die Länder, die den Bundesstaat bilden, zum Zwecke der Wohlstandsmehrung miteinander in Wettbewerb stehen können. Das gilt auch für Fragen der Geldeinnahmen, also Steuern und Sonderabgaben. Allerdings hat die **Föderalismusreform** einen Wettbewerb in diesen Bereichen **noch nicht geschaffen**. Damit ist das Grundgesetz weiterhin nicht wettbewerbsföderalistisch organisiert. Folglich kann nicht angenommen werden, dass der Bund ein erforderliches gesamtdeutsches Interesse grundsätzlich fehlerhaft angenommen hat.

Die Erforderlichkeit nach Art. 72 II GG kann vom Bund angenommen werden.

Damit liegt eine Kompetenz des Bundes nach Art. 74 I Nr. 11, 72 II GG vor.

2. Verfahren
Das Gesetzgebungsverfahren ist nicht fehlerhaft.

3. Form
Formfehler sind nicht ersichtlich.

Ergebnis: Das Gesetz ist formell verfassungsgemäß.

II. Materielle Verfassungsmäßigkeit
Fraglich ist nun die materielle Verfassungsmäßigkeit. Eine Sonderabgabe ist nicht allein deshalb zulässig, weil eine Kompetenz dafür vorhanden ist. Sie stellt

vielmehr eine besondere, rechtfertigungsbedürftige Ausnahme dar. Denn die Sonderabgabe steht in Konkurrenz zur Steuer. Im Gegensatz zur Steuer wird sie aber nicht im Haushalt eingestellt und gefährdet damit das Budgetrecht des Parlaments. Zudem verschiebt die Sonderabgabe die Belastung der Abgabepflichten von der Gemeinlast zu einer die Belastungsgleichheit der Bürger in Frage stellenden Finanzierungsverantwortlichkeit für eine Sachaufgabe. Sie durchbricht die im Steuerrecht **angestrebte relative Lastengleichheit**. Deshalb hat das BVerfG spezielle Anforderungen für die Erhebung einer Sonderabgabe aufgestellt.

1. Eine gesellschaftliche Gruppe kann nur dann mit einer Sonderabgabe in Anspruch genommen werden, wenn sie durch eine **gemeinsame, in der Rechtsordnung oder in der gesellschaftlichen Wirklichkeit vorgegebene Interessenlage** oder durch besondere gemeinsame Gegebenheiten von der Allgemeinheit und anderen Gruppen abgrenzbar ist, wenn es sich also um eine in diesem Sinne homogene Gruppe handelt. Die Arbeitgeber, die die Ausbildungsplatzabgabe zahlen müssen, stellen eine solche homogene Gruppe dar.

2. Die Erhebung einer Sonderabgabe setzt eine spezifische Beziehung (**Sachnähe**) zwischen dem Kreis der Abgabepflichtigen und dem mit der Abgabenerhebung verfolgten Zweck voraus. Eine spezifische Beziehung besteht, da im dualen Ausbildungssystem mit den Lernorten Schule und Betrieb die Arbeitgeber dem verfolgten Zweck näher stehen als jede andere Gruppe.

3. Aus dieser Sachnähe muss eine **besondere Gruppenverantwortung** für die Erfüllung der mit der außersteuerlichen Abgabe zu finanzierenden Aufgabe entspringen. Eine solche Gruppenverantwortung besteht bei den Arbeitgebern, da nur sie Ausbildungsplätze schaffen können.

4. Das Aufkommen aus der Abgabe muss **gemeinnützig verwendet** werden. Hier werden mit der Abgabe Ausbildungsbetriebe unterstützt. Damit erfolgt eine gemeinnützige Verwendung.

5. Zuletzt muss die Erhebung der Abgabe **zeitlich begrenzt** sein. Die Abgabe soll für drei Jahre erhoben werden. Damit ist eine zeitliche Begrenzung gegeben.

Ergebnis: Das Gesetz ist formell und materiell verfassungsmäßig.

Sachverhalt

Die wirtschaftliche Lage in Deutschland ist schlecht. Im Deutschen Bundestag können sich die Fraktionen immer seltener auf Mehrheiten einigen. Handlungsfähig ist allein die Bundesregierung. Aus diesem Grund beschließt der Bundestag in einem letzten gemeinsamen Kraftakt folgendes Gesetz mit einer Zwei-Drittel-Mehrheit:

§ 1. Für einen Zeitraum von 24 Monaten nach Inkrafttreten dieses Gesetzes können Gesetze auch von der Bundesregierung beschlossen werden. Die Entscheidung innerhalb der Bundesregierung muss einstimmig erfolgen. Art. 76, 77 und 78 GG finden keine Anwendung.
§ 2. Das Gesetz tritt sofort nach seiner Verkündung in Kraft.

Der Bundesrat stimmt mit einfacher Mehrheit zu. Die Landesregierung des Bundeslandes B, die im Bundesrat gegen das Gesetz gestimmt hat, ist von der Nichtigkeit des Gesetzes überzeugt. Es widerspreche dem Grundgesetz. Kann sie erfolgreich gegen das neue Gesetz vorgehen?

Lösung

Die Landesregierung von B kann dem BVerfG das Gesetz zur Überprüfung auf seine Verfassungsmäßigkeit vorlegen. Dafür kommt das Verfahren der abstrakten Normenkontrolle in Betracht. Dafür müsste das BVerfG zuständig sein, und die Normenkontrolle müsste zulässig und begründet sein.

I. Zuständigkeit des BVerfG

Die Zuständigkeit des BVerfG ergibt sich aus Art. 93 I Nr. 2 GG, § 13 Nr. 6, §§ 76 ff. BVerfGG.

II. Zulässigkeit

Die abstrakte Normenkontrolle müsste zulässig sein.

1. Antragsteller

Zuerst müsste die Landesregierung B ein möglicher Antragsteller sein. Landesregierungen steht der Weg einer abstrakten Normenkontrollklage offen (§ 76 BVerfGG). Folglich ist die Landesregierung antragsberechtigt.

2. Streitgegenstand

Die Landesregierung ist von der Nichtigkeit des Gesetzes überzeugt. Damit ist unproblematisch ein Streitgegenstand gegeben.

3. Antragsbefugnis

Weiterhin müsste es zwischen der Landesregierung von B und dem Bundestag und Bundesrat eine Meinungsverschiedenheit über die Vereinbarkeit des Gesetzes mit der Verfassung geben. Hier ist die Landesregierung von der Nichtigkeit des Gesetzes überzeugt, sie hat also nicht nur Zweifel. Folglich ist die Landesregierung antragsbefugt.

4. Form

Zuletzt müsste die Landesregierung von B ihren Antrag schriftlich und begründet (§ 23 I BVerfGG) einreichen. Davon ist auszugehen.

Ergebnis: Folglich ist die abstrakte Normenkontrolle zulässig.

III. Begründetheit

Die abstrakte Normenkontrolle müsste auch begründet sein. Dafür müsste das Gesetz formell oder materiell nicht mit der Verfassung vereinbar sein.

1. Formelle Verfassungsmäßigkeit

a) Gesetzgebungskompetenz

Für die formelle Verfassungsmäßigkeit ist die Kompetenz des Bundes für das Gesetzgebungsverfahren erforderlich. Grundsätzlich besitzen die Länder die Gesetzgebungskompetenz (Art. 30, 70 ff.). Der Bund kann zunächst im Rahmen der ausschließlichen (Art. 71, 73) Gesetzgebung tätig werden. Allerdings findet sich dort keine Kompetenz für das Gesetzgebungsverfahren. Weiterhin könnte eine Bundeskompetenz **kraft Natur der Sache** vorliegen. Danach besteht eine Bundeskompetenz für alle Fragen, die begriffsnotwendig nur vom Bund geregelt werden können. Darunter fällt **auch die Ausgestaltung des Gesetzgebungsverfahrens des Bundes**. Folglich liegt eine Bundeskompetenz kraft Natur der Sache vor.

b) Verfahren

Fraglich ist, ob das in Art. 76 ff. GG vorgegebene Verfahren eingehalten ist. Es gibt keine Hinweise, dass die in Art. 76-78 GG genannten Verfahrensschritte nicht eingehalten wurde. Zu bedenken ist aber, dass Art. 79 II GG für Änderungen des Grundgesetzes eine Zustimmung von zwei Dritteln der Mitglieder des Bundestages und zwei Dritteln der Stimmen des Bundesrates verlangt. Im vorliegenden Fall sollen die Art. 76-78 GG für einen Zeitraum von 24 Monaten keine Anwendung finden. Damit werden die verfassungsrechtlichen Vorgaben für das Gesetzgebungsverfahren geändert. Eine Änderung des Grundgesetzes liegt folglich vor. Die dazu erforderliche 2/3-Mehrheit ist im Bundestag zustande gekommen. Im Bundesrat liegt **nur eine einfache Mehrheit** vor. Das **reicht nach Art. 79 II GG nicht aus**. Folglich ist das vorgegebene Verfahren nicht eingehalten worden.

c) Form

Auch die notwendige Form könnte nicht eingehalten worden sein. Nach Art. 79 I 1 GG kann das Grundgesetz nur durch ein Gesetz geändert werden, das den **Wortlaut des Grundgesetzes ausdrücklich ändert** oder ergänzt. Damit soll verhindert werden, dass zwei Verfassungstexte nebeneinander bestehen. Verfassungsdurchbrechungen wie zur Zeit der Weimarer Republik sind folglich ausgeschlossen. Die in Art. 79 I 1 GG erforderliche ausdrückliche Änderung des Wortlauts liegt hier nicht vor. Folglich ist die notwendige Form des Art. 79 I 1 GG nicht eingehalten.

Ergebnis: Damit ist die formelle Verfassungsmäßigkeit nicht gegeben.

2. Materielle Verfassungsmäßigkeit

Das Gesetz könnte auch materiell verfassungswidrig sein. Prüfungsmaßstab ist Art. 79 III GG. Danach ist eine Änderung des Grundgesetzes, welche die in Art. 20 GG niedergelegten Grundsätze berührt, unzulässig.

a) Verstoß gegen das Demokratieprinzip

In Betracht kommt ein Verstoß gegen das Demokratieprinzip aus Art. 20 I 1 GG. Demokratie bezeichnet Herrschaft durch das Volk. Das vom Volk gewählte Parlament besitzt unmittelbare demokratische Legitimation. Dagegen wird die staatliche Exekutive durch die Parlamentswahl des Bundeskanzlers (Art. 63 GG), der die Minister beruft und die Regierung führt, nur durch einen weiteren Schritt legitimiert. Das Demokratieprinzip verlangt, dass die direkt legitimierten Vertreter des Volkes **wesentliche Entscheidungen selbst treffen** statt sie zu delegieren. Darunter fällt gemäß Art. 77 GG auch die Gesetzgebung. Eine vollständige Delegation dieser Gesetzgebung auf die Exekutive verstößt gegen das Demokratieprinzip aus Art. 20 I 1 GG.

b) Verstoß gegen die Gewaltenteilung

Weiterhin könnte ein Verstoß gegen die in Art. 20 II 2 GG geregelte Gewaltenteilung vorliegen. Dort sind die Gesetzgebung, die vollziehende Gewalt und die Rechtsprechung als drei unabhängig voneinander existierende Gewalten genannt. Das Grundgesetz widmet ihnen eigene Abschnitte (VII, VIII und IX) und weist sie im Schwerpunkt je spezifisch dazu berufenen Trägern (Bundestag, Bundesregierung, Gerichte) zu (**materielle Funktionentrennung**). Vermischungen sind möglich und auch vorgesehen, zum Beispiel Rechtsetzungsbefugnisse der Exekutive oder parlamentarische Verwaltungskompetenzen. Nach der **Wesentlichkeitstheorie** des BVerfG muss aber das Parlament alle „wesentlichen Entscheidungen" selbst treffen. Wesentlich sind, neben Grundrechtseingriffen, auch Änderungen im Staatsorganisationsrecht. Hier besteht ein Parlamentsvorbehalt. Eine **Delegation an die Exekutive ist nicht möglich**. Damit liegt auch ein Verstoß gegen die in Art. 20 II 2 GG geregelte Gewaltenteilung vor.

Folglich ist die materielle Verfassungsmäßigkeit nicht gegeben.

Endergebnis: Das Gesetz ist formell und materiell verfassungswidrig. Die abstrakte Normenkontrolle des Bundeslandes B nach Art. 93 I Nr. 2 GG, § 13 Nr. 6, §§ 76 ff. BVerfGG ist zulässig und begründet.

Sachverhalt

Der Finanzminister steht im November 2014 vor einem enormen Haushaltsdefizit und überlegt sich, wie er zusätzliche Einnahmen generieren kann. Sein Ministerium unterbreitet ihm folgende Vorschläge:

- Die Einkommensteuersätze sollten noch für das laufende Jahr rückwirkend um 10 % erhöht werden.

- Darüber hinaus wird vorgeschlagen, die Subventionen für Solaranlagen zu streichen. Das Parlament hatte 2008 beschlossen, dass jeder, der in diesem Jahr eine Solaranlage installieren ließ, zehn Jahre lang eine Investitionszulage von jährlich 500 Euro erhält.

Der Finanzminister ist begeistert und die Bundesregierung beschließt eine entsprechende Gesetzesvorlage, die von Bundestag und Bundesrat gebilligt wird. Die Landesregierung A hält das Gesetz für nichtig und will dieses vor dem Bundesverfassungsgericht überprüfen lassen.
Wie ist die Rechtslage?

Lösung

Die Landesregierung A könnte ein Verfahren der abstrakten Normenkontrolle anstrengen. Dieses hat Erfolg, wenn die Normenkontrollklage zulässig und begründet ist.

I. Zuständigkeit des BVerfG

Die Zuständigkeit des BVerfG ergibt sich aus Art. 93 I Nr. 2 GG, § 13 Nr. 6, §§ 76 ff. BVerfGG.

II. Zulässigkeit

Die abstrakte Normenkontrolle müsste zulässig sein.

1. Antragsteller

Zuerst müsste die Landesregierung A ein möglicher Antragsteller sein. Landesregierungen steht der Weg einer abstrakten Normenkontrollklage offen (§ 76 BVerfGG). Folglich ist die Landesregierung antragsberechtigt.

2. Streitgegenstand

Die Landesregierung hält das Gesetz mit dem Grundgesetz für unvereinbar. Damit ist ein tauglicher Streitgegenstand gegeben.

3. Antragsbefugnis

Weiterhin müsste es zwischen der Landesregierung von A und dem Bundestag und Bundesrat eine Meinungsverschiedenheit über die Vereinbarkeit des Steuererhöhungsgesetzes mit der Verfassung geben. Hier hält die Landesregierung das Gesetz für nichtig. Folglich ist die Landesregierung antragsbefugt.

4. Form

Zuletzt müsste die Landesregierung von A ihren Antrag schriftlich und begründet (§ 23 I BVerfGG) einreichen. Davon ist auszugehen.

Ergebnis: Folglich ist die abstrakte Normenkontrolle zulässig.

II. Begründetheit

Die abstrakte Normenkontrolle ist begründet, wenn das Steuererhöhungsgesetz formell oder materiell mit der Verfassung nicht in Einklang steht.

1. Formelle Verfassungsmäßigkeit

Anhaltspunkte gegen die formelle Rechtmäßigkeit sind nicht ersichtlich.

2. Materielle Verfassungsmäßigkeit

Das Gesetz müsste auch materiell verfassungskonform sein.

a) Das Gesetz könnte **gegen das Rechtsstaatsprinzip verstoßen**, das sich aus Art. 20 III GG und den Grundrechten herleitet und in Art. 28 I 1 GG ausdrücklich erwähnt ist. Zum Rechtsstaatsprinzip gehört auch der **Grundsatz der Rechtssicherheit**. Rechtssicherheit umfasst auch den Schutz vor staatlichen Eingriffen, die in Sachverhalte eingreifen, die in der Vergangenheit liegen. Für die Frage, ob eine Rückwirkung von Gesetzen mit der Verfassung vereinbar ist, unterscheidet man zwischen echter und unechter Rückwirkung.

b) Eine **echte Rückwirkung** liegt vor, wenn das Gesetz nachträglich ändernd in abgewickelte, der Vergangenheit angehörende abgeschlossene Tatbestände eingreift. Die Rechtsfolge einer Norm soll dann schon für einen Zeitraum eintreten, der zeitlich vor ihrer Verkündung liegt. Der Sachverhalt, der geregelt werden soll, hat also in der Vergangenheit begonnen und war bis zur Verkündung des Gesetzes bereits abgeschlossen. Eine **solche Rückbe-wirkung der Rechtsfolgen ist verfassungsrechtlich unzulässig**, da der Bürger grundsätzlich darauf vertrauen kann, dass er nicht nachträglich mit einer Regelung belastet wird. Die echte Rückwirkung ist nur in besonderen Einzelfällen zulässig, etwa wenn mit einer **Änderung der Rechtslage zu rechnen war** oder durch die Regelung eine unklare Rechtslage beseitigt wird oder wenn überwiegende Gründe des Allgemeinwohls betroffen sind. Fälle der echten Rückwirkung liegen hier nicht vor.

c) Bei der **unechten Rückwirkung** handelt es sich dagegen um die Situation, dass in der Vergangenheit begonnene, jedoch noch nicht abgeschlossene Sachverhalte geregelt werden. Während die Rechtsfolgen der Norm erst nach der Verkündung eintreten, knüpft deren Tatbestand bereits an Sachverhalte an, die vor der Verkündung liegen.

Die unechte Rückwirkung ist **grundsätzlich zulässig**, es sei denn, der Vertrauensschutz des Bürgers überwiegt das Veränderungsinteresse des Gesetzgebers. Dies ist beispielsweise der Fall, wenn der Betroffene mit dem gesetzlichen Eingriff nicht zu rechnen brauchte und ihn deshalb bei seinen Dispositionen nicht berücksichtigen musste. In der Regel muss der Bürger jedoch mit einer Veränderung der Rechtslage rechnen.

d) Hinsichtlich der **Erhöhung der Einkommensteuer** für das laufende Steuerjahr könnte eine unechte Rückwirkung vorliegen. Maßgeblich für den geregelten Sachverhalt ist der Veranlagungszeitraum, also das Steuerjahr. Das Steuerjahr stimmt mit dem Kalenderjahr überein (§§ 25 I, 36 I EStG, §§ 48, 49 KStG)[4]. Im November war dieses Steuerjahr noch nicht abgeschlossen. Es wird also nicht in einen Sachverhalt eingegriffen, der vor Verkündung bereits abgeschlossen war. Folglich handelt es sich um eine **unechte Rückwirkung**. Diese unechte Rückwirkung ist grundsätzlich verfassungsrechtlich nicht zu beanstanden. Es ist auch nicht ersichtlich, dass der Bürger einen besonderen Vertrauensschutz genießt, der eine andere Beurteilung der Sachlage rechtfertigen würde. Die Erhöhung der Steuersätze der Erbschaftsteuer für das laufende Steuerjahr ist daher mit dem Grundsatz der Rechtssicherheit zu vereinen und verstößt nicht gegen das Rechtsstaatsprinzip.

---

[4] Keine Angst: Die genauen Normen aus dem Steuerrecht muss man als Student nicht kennen.

e) Etwas anderes könnte für die **Streichung der Zuschüsse zu den Solaranlagen** gelten. Das Parlament hatte im Jahr 2008 entschieden, dass denjenigen, die in Solaranlagen investieren, zehn Jahre lang einen Zuschuss von jährlich 500 Euro gewährt wird. Dieser Zuschuss wurde nun gestrichen. Da ein Gesetz geändert wird, was in der Vergangenheit liegt, könnte ein Verstoß gegen das Rechtsstaatsprinzip in Form der echten Rückwirkung vorliegen. Betrachtet man den Sachverhalt allerdings genauer, wird zwar altes Gesetz geändert. **Die Rechtsänderungen treten allerdings nicht für die Vergangenheit ein, sondern die Zuschüsse werden nur für die Zukunft gestrichen.** Daher handelt es sich gar nicht um einen Fall der Rückwirkung.

Ergebnis: Das Gesetz ist also materiell rechtmäßig. **Die Normenkontrolle der Landesregierung A hat keinen Erfolg.**

Sachverhalt

Die Bundesregierung möchte das Staatsvolk unmittelbarer und häufiger an politischen Entscheidungen beteiligen. Daher wird ein Volksgesetz vorgeschlagen, welches unter anderem Volksabstimmungen vorsieht. § 1 des Volksgesetzes lautet: „Zu allen Gesetzgebungsvorschlägen, mit Ausnahme des Haushaltsplans, kann das Staatsvolk in einer Abstimmung befragt werden. Bundestag und Bundesrat müssen eine solche Abstimmung mit der Mehrheit ihrer Mitglieder beschließen. Das Gesetz kommt zustande, wenn es die Mehrheit der abgegebenen Stimmen erhält. Mindestens fünf Prozent des Staatsvolkes muss sich an der Abstimmung beteiligen, andernfalls ist das Ergebnis nicht bindend." Nachdem Bundestag und Bundesrat das Gesetz mehrheitlich angenommen haben, hat die Landesregierung von B Zweifel an der Vereinbarkeit des Volksgesetzes mit dem Grundgesetz. Wie kann B gegen das Volksgesetz vorgehen?

Zusatzfrage: Was ist der verfassungsrechtliche Unterschied von „Volk" und „Bevölkerung" (= Einwohner)?

Lösung

Die Landesregierung von B kann dem BVerfG das Volksgesetz zur Überprüfung auf seine Verfassungsmäßigkeit vorlegen. Dafür kommt das Verfahren der abstrakten Normenkontrolle in Betracht. Dafür müsste das BVerfG zuständig sein und die Normenkontrolle müsste zulässig und begründet sein.

I. Zuständigkeit des BVerfG

Die Zuständigkeit des BVerfG ergibt sich aus Art. 93 I Nr. 2 GG, § 13 Nr. 6, §§ 76 ff. BVerfGG.

II. Zulässigkeit

1. Antragsteller

Zuerst müsste die Landesregierung B ein möglicher Antragsteller sein. Landesregierungen steht der Weg einer abstrakten Normenkontrollklage offen (§ 76 BVerfGG). Folglich ist die Landesregierung antragsberechtigt.

2. Streitgegenstand

Die Landesregierung zweifelt die Vereinbarkeit des Gesetzes mit dem GG an. Damit ist ein zulässiger Streitgegenstand gegeben.

3. Antragsbefugnis

Weiterhin müsste es zwischen der Landesregierung von B und dem Bundestag und Bundesrat eine Meinungsverschiedenheit über die Vereinbarkeit des „Volksgesetzes" mit der Verfassung geben. Die Landesregierung spricht in ihrem Antrag lediglich von **Zweifeln**, ob das Gesetz wegen formeller Verfassungswidrigkeit nichtig ist. Fraglich ist, ob solche Zweifel genügen. Während Art. 93 I Nr. 2 GG Zweifel genügen lässt, **fordert § 76 I Nr. 1 BVerfGG eine Überzeugung von der Nichtigkeit** der Vorschrift. Danach wäre im vorliegenden Fall der Antrag unzulässig.

Wie diese Divergenz zu lösen ist, ist umstritten.
a) Einerseits könnte § 76 I Nr. 1 BVerfGG lediglich in zulässiger Weise Art. 93 I Nr. 2 GG klarstellen, so dass eine Überzeugung von der Nichtigkeit des beanstandeten Gesetzes erforderlich wäre.
b) Andererseits kann aber die Verfassung nicht durch ein einfaches Gesetz eingeschränkt werden, so dass § 76 I Nr. 1 BVerfGG diesbezüglich teilnichtig bzw. verfassungskonform auszulegen ist und somit bloße Zweifel an der Verfassungsmäßigkeit – wie sie hier von der Landesregierung geltend gemacht werden – genügen.
Folglich ist die Landesregierung antragsbefugt.

4. Form

Zuletzt müsste die Landesregierung von B ihren Antrag schriftlich und begründet (§ 23 I BVerfGG) einreichen. Davon ist auszugehen.

Ergebnis: Folglich ist die abstrakte Normenkontrolle zulässig.

III. Begründetheit

Die abstrakte Normenkontrolle müsste auch begründet sein. Dafür müsste das „Volksgesetz" formell oder materiell nicht mit der Verfassung vereinbar sein.

1. Formelle Verfassungsmäßigkeit

Für die formelle Verfassungsmäßigkeit ist die Kompetenz des Bundes für das Gesetzgebungsverfahren erforderlich. Grundsätzlich besitzen die Länder die Gesetzgebungskompetenz (Art. 30, 70 ff.). Der Bund kann zunächst im

Rahmen der ausschließlichen (Art. 71, 73) Gesetzgebung tätig werden. Allerdings findet sich dort keine Kompetenz für das Gesetzgebungsverfahren. Weiterhin könnte eine **Bundeskompetenz kraft Natur der Sache** vorliegen. Danach besteht eine Bundeskompetenz für alle Fragen, die begriffsnotwendig nur vom Bund geregelt werden können. Darunter fällt auch die Ausgestaltung des Gesetzgebungsverfahrens des Bundes. Folglich liegt eine Bundeskompetenz vor. Auch Verfahren und Form wurden eingehalten. Damit ist die formelle Verfassungsmäßigkeit gegeben.

2. Materielle Verfassungsmäßigkeit

Das Volksgesetz ist materiell verfassungswidrig, wenn **(1)** das Grundgesetz die Einführung von Volksabstimmungen verbietet und / oder **(2)** das angegebene Quorum von fünf Prozent gegen die Verfassung verstößt.

a) Volksabstimmungen und Grundgesetz

aa) Nach Art. 20 II 2 GG wird die Staatsgewalt vom Volke in Wahlen und Abstimmungen und durch besondere Organe der Gesetzgebung, der vollziehenden Gewalt und der Rechtsprechung ausgeübt. Diese Vorschrift regelt nicht, in welchen Fällen Abstimmungen stattfinden. Es wird lediglich deutlich, dass das Grundgesetz solche Abstimmungen nicht prinzipiell ablehnt. Für den Bereich des Bundes sind **Abstimmungen nur gemäß Art. 29, 118 und 118 a GG vorgesehen.** Die besondere Erwähnung zeigt, dass das Grundgesetz nicht von einer grundsätzlichen Erlaubnis der Abstimmungen ausgeht. In der historischen Auslegung der Verfassung wird deutlich, dass eine repräsentative Demokratie nach den Erfahrungen mit der Weimarer Reichsverfassung auch bezweckt wurde. Damit sollten direktdemokratische Elemente **nur in Ausnahmefällen** zulässig sein.

bb) Gegen die historische Auslegung spricht, dass sich die **Verfassungswirklichkeit** in den vergangenen Jahrzehnten weiterentwickelt hat. Die Gründe, die für die konsequente Ausgestaltung der Bundesrepublik zu einer repräsentativen Demokratie geführt haben, – ansonsten droht die Schwächung des Parlaments, eine Zersplitterung der politischen Gruppen und Radikalisierung durch Populismus – bedrohen die heutige Bundesrepublik nicht mehr in diesem Maße. Das zeigt sich auch darin, dass Volksabstimmungen in vielen **Landesverfassungen** (zum Beispiel Bayern) möglich sind und tatsächlich stattgefunden haben, ohne dass es zu einer Gefährdung des Staates gekommen ist.

cc) Daher sind Art. 20 II 2 GG und die Verfassung insgesamt systematisch auszulegen. Eine Erweiterung der Volksabstimmungen auf Gesetzgebungsverfahren ist nicht vorgesehen, wie der **Gegenschluss aus Art. 77 GG** zeigt. Dort wird das Verfahren bei Gesetzesbeschlüssen abschließend geregelt. Auch das gesamte Gesetzgebungsverfahren im Vorfeld eines Beschlusses wird in Art. 76 GG ausführlich normiert. Die Regelungen sind ihrer Formulierung nach **abschließend**. Die systematische Auslegung ergibt also, dass eine Volksabstimmung beim Gesetzgebungsverfahren nicht möglich ist.

dd) Dies könnte sich auch aus der **teleologischen Auslegung der Verfassung** ergeben. Eine zentrale staatliche Funktion ist das Gesetzgebungsverfahren. Dieses Verfahren ist, neben dem Budgetrecht (welches laut Sachverhalt im Rahmen des Haushaltsplans unangetastet bleiben soll) und der Friedensfrage, eine der maßgeblichen Aufgaben der Parlamente. Diese von der Verfassung vorgegebene Staatsorganisation kann **nicht durch ein einfaches Gesetz („Volksgesetz") an der Verfassung vorbei aufgehoben werden.** Verfassungsrechtlich zulässig sind daher nur solche Volksabstimmungen, die im Grundgesetz selber vorgesehen sind oder durch Grundgesetzänderung eingeführt werden (**Verfassungsvorbehalt**).

Ergebnis: Die Einführung einer Abstimmung beim Gesetzgebungsverfahren durch das Volksgesetz ist materiell nicht mit dem Grundgesetz zu vereinbaren und damit verfassungswidrig.

b) Fünf-Prozent-Quorum und Grundgesetz
Auch das Quorum für eine Beteiligung bei der Abstimmung in Höhe von fünf Prozent könnte verfassungswidrig sein. In Betracht kommt ein Verstoß gegen das Demokratieprinzip aus Art. 20 II GG.

aa) Das **Demokratieprinzip** bezeichnet die Herrschaft durch das Volk (Gegensatz: Herrschaft gegen das Volk wie in der DDR-Diktatur). Das Ideal der Einigung aller ist für die im Staat notwendigen Entscheidungen nicht zu realisieren. Maßgeblich ist daher die Entscheidung der Mehrheit. Dieses Mehrheitsprinzip könnte sich bei einer Abstimmung, an der sich nur fünf Prozent des Volkes beteiligen, schon bei 2,6 % (des Volkes) einstellen. Damit sind in einem solchen Verfahren Entscheidungen durch die Minderheit nicht nur möglich, sondern strukturell angelegt. Das verstößt gegen das Demokratieprinzip aus Art. 20 II GG.

bb) Dagegen spricht nicht, dass es bei einer Bundestagswahl kein Quorum gibt. Auch bei einer solchen Wahl ist eine Beteiligung von (nur) fünf Prozent des Volkes denkbar. Allerdings handelt es sich bei einer Wahl nicht um die Entscheidung einer einzelnen Sachfrage, bei der eine kleine Minderheit der Mehrheit eine konkrete Entscheidung aufzwingen könnte. Zudem ist die **Wahl ein alternativloser Prozess in einer Demokratie**, während der Gegenstand der Volksabstimmung auch im parlamentarischen Verfahren beschlossen werden kann.

Ergebnis: Die Quorumsregelung verstößt gegen Art. 20 II GG und ist daher verfassungswidrig.

Endergebnis: Das Volksgesetz ist materiell verfassungswidrig. Die abstrakte Normenkontrolle des Bundeslandes B aus Art. 93 I Nr. 2, § 13 Nr. 6, §§ 76 ff. BVerfGG ist zulässig und begründet.

Zusatzfrage: Mit *Volk* ist das Staatsvolk gemeint, wie es in Art. 116 GG beschrieben wird: Deutsche Staatsangehörige und Statusdeutsche. Dagegen umfasst die *Bevölkerung* neben dieser Gruppe auch die nichtdeutschen Ausländer bzw. Staatenlose. Verfassungsrechtliche Bedeutung hat das *Staatsvolk* unter anderem in Art. 33 (Staatsbürgerliche Rechte) und Art. 38 I (Wahlen), die *Bevölkerung* hat indirekten Einfluss auf das Gesetzgebungsverfahren durch die Höhe der Stimmenzahl im Bundesrat, die sich nach der Bevölkerungszahl gemäß Art. 51 II GG bemisst. Ebenso nach der Bevölkerungszahl bemisst sich der durch die Föderalismusreform neu eingefügte Art. 109 V GG, wonach sich der Länderanteil an Strafzahlungen an die EG wegen einer Nichteinhaltung von Vorgaben (z.B. Maastricht-Kriterien) auch an der Einwohnerzahl bemisst.

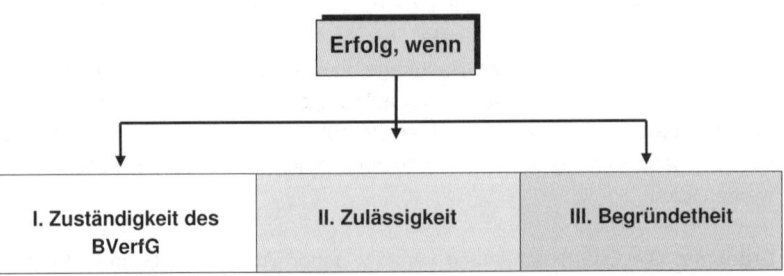

BUND – LÄNDER – STREIT

Erfolg, wenn

I. Zuständigkeit des BVerfG	II. Zulässigkeit	III. Begründetheit
Die Zuständigkeit des Bundesverfassungsgerichts ergibt sich aus Art. 93 I Nr. 3 GG, § 13 Nr. 7, §§ 68 ff. BVerfGG	1. **Antragsteller /** 2. **Antragsgegner** (§ 68 BVerfGG): Bundesregierung, Landesregierung 3. **Streitgegenstand** (§ 69 i.V.m. § 64 I BVerfGG): Meinungsverschiedenheiten über verfassungsrechtliche Rechte und Pflichten eines Landes oder des Bundes. 4. **Antragsbefugnis** (§ 69 i.V.m. § 64 I BVerfGG): Antragsteller muss geltend machen, durch eine Maßnahme oder ein Unterlassen des Antragsgegners in seinen grundgesetzlich übertragenen Rechten und Pflichten verletzt oder unmittelbar gefährdet zu sein. 5. **Form** und **Frist** (§ 69 und § 64 II, III BVerfGG): Bezeichnung der Bestimmung, gegen die Antragsgegner verstoßen hat; Frist: 6 Monate.	Begründet ist der Antrag gemäß §§ 69 i.V.m. 67 BVerfGG, wenn die Maßnahme oder das Unterlassen den Antragsteller in seinen grundgesetzlichen Rechten verletzt.

Sachverhalt

Die Bundesregierung beschließt nach Gesprächen mit großen Energieunternehmen den Ausstieg aus der Kernenergie. Dabei informiert sich der Bund auch über Gefahren bei fehlenden Nachrüstungen der Kraftwerke. Es wurde ein Gesamtkonzept entwickelt, damit der Ausstieg glückt. Für die am Netz befindlichen Kernkraftwerke werden daher Restlaufzeiten sowie Nachrüstungsprogramme für diese Zeit vereinbart, um die Sicherheit für die verbleibende Zeit zu gewährleisten. Die Länder waren an diesen Gesprächen der Bundesregierung nicht beteiligt. Jedoch haben alle Länder die Weisung erhalten, Genehmigungen zu den Kernkraftwerken nur nach bundesaufsichtlicher Zustimmung zu erteilen.

Auch im Bundesland Hessen befindet sich noch ein Kernkraftwerk. Das Bundesministerium für Umwelt erteilt nun dem hessischen Umweltministerium die Weisung, Nachrüstungen für das Kernkraftwerk vorzunehmen. Die Landesregierung verweigert sich, der Weisung nachzugehen und rügt Verstöße gegen den Grundsatz der Landesverwaltung sowie den Grundsatz bundesfreundlichen Verhaltens.

Die Landesregierung Hessens richtet sich fristgerecht an das Bundesverfassungsgericht und begehrt die Feststellung, dass der Weisung des Bundes nicht nachgekommen werden muss. Mit Erfolg?

Lösung

Der Antrag des Landes Hessen hat Aussicht auf Erfolg, wenn er zulässig und soweit er begründet ist.

I. Zuständigkeit

Da es sich um eine Streitigkeit zwischen dem Land Hessen und dem Bund handelt, ist ein Bund-Länder-Streit einschlägig. Das BVerfG ist nach Art. 93 I Nr. 3 GG, §§ 13 Nr. 7, 68 ff. BVerfGG für Bund-Länder-Streitigkeiten zuständig.

II. Zulässigkeit

Der Antrag müsste auch zulässig sein.

1. Antragsberechtigung

Das Land Hessen müsste nach § 68 BVerfGG antragsberechtigt sein. Dem Sachverhalt ist zu entnehmen, dass die Landesregierung Klage erhoben hat.

Ferner richtet sich der Antrag auch gegen **den Bund** und nicht gegen einen einzelnen Minister, § 68 BVerfGG. Damit ist das Bundesland antragsberechtigt.

2. Antragsgegenstand

Ferner müsste es sich um einen zulässigen Antragsgegenstand handeln. Dies ist jede rechtserhebliche Maßnahme des Antragsgegners, jedes Handeln, Dulden oder Unterlassen, das zu einer Rechtsfolge führt. Die Bundesregierung hat Entscheidungen im Energiebereich getroffen, ohne die Länder, die entsprechende Weisungen ausführen sollen, einzubinden. Dies stellt eine rechtserhebliche Maßnahme dar. Folglich ist ein zulässiger Antragsgegenstand gegeben.

3. Antragsbefugnis

Ferner müsste das Land Hessen auch antragsbefugt sein, § 69 BVerGG i.V.m. § 64 I BVerfGG. Dazu müsste die Möglichkeit bestehen, dass Organrechte aus dem Grundgesetz verletzt wurden. Das Land rügt eine Verletzung der Grundsätze der Landesverwaltung. Aus dem **durch die Föderalismusreform neugefassten Art. 87 c GG i.V.m. dem neuen Art. 73 I Nr. 14 GG** ergibt sich, dass es sich bei der Kernenergie um Bundesauftragsverwaltung nach Art. 85 GG handelt. Der Bund könnte aber im vorliegenden Fall die Rechte aus der Bundesauftragsverwaltung falsch ausgeübt haben und so ein Recht des Landes Hessen verletzt haben, Art. 85, 30 GG. Eine solche Verletzung ist nicht von vorneherein ausgeschlossen und somit möglich.

4. Vorverfahren

Im Bereich der Länderverwaltung muss ein Bundesratsbeschluss vorliegen, bevor das BVerfG angerufen werden kann, Art. 84 IV S. 1 GG. Dies ist jedoch nur notwendig, soweit die Länder die Gesetze als eigene Angelegenheit ausführen, Art. 84 IV GG. Dies ist vorliegend nicht der Fall.

5. Form

Ferner müsste der Antrag gemäß § 23 I S. 1 BVerfGG schriftlich beim BVerfG eingereicht und begründet werden, § 23 I S. 2, §§ 69, 64 I BVerfGG. Mangels gegenteiliger Angaben im Sachverhalt ist davon auszugehen, dass die Formvorschriften eingehalten wurden.

6. Frist

Schließlich ist die Frist nach §§ 69, 64 III BVerfGG zu berücksichtigen. Diese beträgt sechs Monate. Dem Sachverhalt ist zu entnehmen, dass das Land Hessen fristgerecht den Antrag einreicht.

Ergebnis: Damit ist der Antrag zulässig.

II. Begründetheit

Der Antrag des Landes Hessen ist begründet, soweit die Weisung des Bundes gegen das Grundgesetz verstößt, §§ 69, 67 S. 1 BVerfGG.

1. Rechtsgrundlage

Rechtsgrundlage für die Weisung des Bundes an das Land Hessen könnte Art. 85 III GG sein. Wie bereits dargestellt, fällt die Ausführung des Atomgesetzes nach Art. 87 c GG unter die Bundesauftragsverwaltung. Somit ist Art. 85 III GG anwendbar.

2. Formelle Verfassungsmäßigkeit

Die Weisung müsste formell verfassungsgemäß sein.

a) Zuständigkeit

Nach Art. 85 III GG sind die zuständigen obersten Bundesbehörden verantwortlich. Bei der Kernenergie ist somit der Bundesminister für Umwelt zuständig. Dieser hat auch gehandelt.

b) Verfahren

Fraglich ist, ob das Verfahren, das der Bund gewählt hat, verfassungsgemäß ist. Bedenken könnten sich hier aus dem **Grundsatz des bundesfreundlichen Verhaltens** ergeben. Dies ist ein ungeschriebener Grundsatz, der besagt, dass den Ländern wegen der föderalistischen Grundordnung **insbesondere die Gelegenheit zur Stellungnahme gegeben werden** soll. Der jeweils andere Teil soll nicht beeinträchtigt werden, seine Interessen wahrzunehmen. Hier könnte ein Verstoß gegen diesen Grundsatz vorliegen, da der Bund die Länder nicht an den vorgeschalteten Gesprächen beteiligt hat. Damit konnte auch das Land Hessen nicht seine Ansicht zu der Thematik in den Gesetzgebungsablauf einbringen.

Jedoch handelte es sich bei den Gesprächen um die Entwicklung eines Gesamtkonzeptes, damit der Atomausstieg glückt. Hätte der Bund zusätzlich alle Bundesländer an den Gesprächen mit den Unternehmern beteiligt, hätte dies das Verfahren erheblich verlängert. Zudem entspricht es nicht mehr der **Bundesauftragsverwaltung**, wenn der Bund verpflichtet wäre, mit allen Ländern eine gemeinsame große Lösung zu finden. Eine einvernehmliche Lösung kann hier nicht gefordert werden. Somit sind die Grundsätze des bundesfreundlichen Verhaltens vorliegend nicht verletzt. Formell war die Weisung des Bundesumweltministeriums somit verfassungsgemäß.

3. Materielle Verfassungsmäßigkeit

Ferner müsste die Weisung auch materiell verfassungsgemäß sein.

a) Gebot der Weisungsklarheit

Es war der Grundsatz der Weisungsklarheit aus Art. 85 III GG einzuhalten. Danach müssen die jeweiligen Verantwortungsbereiche klar voneinander getrennt werden. Vorliegend sind bezüglich einer solchen Trennung jedoch keine Mängel ersichtlich.

b) Verstoß gegen die Länderverwaltung

Ferner könnte jedoch ein Verstoß gegen die Grundsätze der Länderverwaltung vorliegen, Art. 30, 85 III GG.

Hier hat der Bund **die Rechts- und Fachaufsicht**. Die Einrichtung entsprechender Behörden sowie das Verwaltungsverfahren sind Aufgabe des Bundes. Die Länder haben nur das Organisations- und Verfahrensrecht. Somit handelt es sich aber immer noch um Landesverwaltung. Fraglich ist, ob der Bund verfassungswidrig in diese eingegriffen hat.

Zunächst ist dabei die **Sachkompetenz** zu beachten. Diese liegt auch bei der Bundesauftragsverwaltung beim entsprechenden Land, kann jedoch dann vom Bund übernommen werden, soweit dieser nach außen erkennbar diese auf sich überleitet. Dies hat der Bund dadurch getan, dass er den Ländern die Weisung erteilt hat, Genehmigungen für Kernkraftwerke nur mit bundesaufsichtlicher Zustimmung zu erteilen. Somit war die Überleitung der Sachkompetenz auf den Bund auch für das Land Hessen erkennbar.

Ferner könnte die **Wahrnehmungskompetenz des Landes Hessen** verletzt sein. Diese liegt auch bei der Bundesauftragsverwaltung bei den Ländern. Der Bund könnte die Länderverwaltung verletzt haben, als die Bundesregierung ohne die Länder Gespräche zu Nachrüstungsprogrammen und dem Ausstieg aus der Atomkraft geführt hat. Von einer solchen Verletzung kann jedenfalls dann ausgegangen werden, wenn der Bund **Absprachen mit rechtsverbindlichem Charakter** trifft, ohne die Länder zu beteiligen. Aus dem Sachverhalt geht jedoch hervor, dass der Bund nur informative politische Gespräche geführt hat, ohne rechtsverbindliche Verträge zu schließen. Ferner musste sich der Bund auch sachgerecht bei den verantwortlichen Unternehmen informieren, um richtige Weisungen an die Länder weiter zu geben. Es entspricht dem Charakter der Bundesauftragsverwaltung nach Art. 85 GG, dass der Bund **sich Informationen zu der entsprechenden Rechtsmaterie einholt** und die Länder sodann rechtsverbindlich diese Weisungen ausführen. Die Kompetenzen der Länder aus Art. 30, 85 GG sind dadurch nicht beeinträchtigt.

Die Weisung ist auch materiell verfassungsgemäß.

Ergebnis: Der Antrag des Landes Hessen ist zwar zulässig, aber nicht begründet.

Sachverhalt

Im Bundesland Schleswig-Holstein (SH) wird seit einigen Jahren ein Flughafen mit sehr eingeschränktem Flugverkehr betrieben. Das hat seinen Grund darin, dass die Flug- und Landebahnen zu kurz sind, um auch größere Maschinen einzusetzen. Um eine bessere wirtschaftliche Anbindung des Bundeslandes zu gewährleisten, wird vor der Landtagswahl der Ausbau der Flug- und Landebahnen beschlossen, so, dass auch die größeren „Billigflieger" den Flughafen ansteuern können. Damit will die Regierung den Tourismus im Land voranbringen und sich wirtschaftlich sanieren.

Die ortsansässigen Bürger, die von dem Ausbau betroffen sind, erheben starken Widerspruch in Demonstrationen und Unterschriftenaktionen gegen den Bau. Sie befürchten eine starke Lärm- und Abgasbelästigung, die zu einer Wertminderung ihrer Grundstücke und einer Gesundheitsgefahr führen könne.

Bis der endgültige Bebauungsplan aufgestellt wird, haben die Landtagswahlen statt gefunden, wobei sich die Mehrheitsverhältnisse in der Landesregierung geändert haben. Die nun mitregierende G-Partei lehnt einen Ausbau des Flughafens ab und stoppt zusammen mit der mitregierenden S-Partei jegliche Planungen diesbezüglich.

Als das Bundesverkehrsministerium von diesen Vorgängen erfährt, fordert der Bundesverkehrsminister die sofortige Feststellung des Bebauungsplans. Er weist das Land SH zu rechtmäßigem Handeln an. Die Bundesregierung fordert die vollkommene Verkehrsanbindung aller Bundesländer, um ein einheitliches Wirtschaftskonzept durchzusetzen. Es könne nicht sein, dass ein gesamtes Bundesland keinen vollständig nutzbaren Flughafen besitze.

Die beiden Regierungsparteien in SH sehen sich dadurch in ihren Rechten beschnitten. Es sei stark zu bezweifeln, ob überhaupt eine rechtmäßige Weisung erlassen werden könne. Das Land sei für die Wahrnehmung der Angelegenheiten im Luftverkehr zuständig. So dürfe das Land auch eigene Entscheidungen treffen. Insbesondere bestünden erhebliche Gefahren für Gesundheit und Umwelt bei einem etwaigen Ausbau, so, dass schon der Grundsatz der Bundestreue es verbiete, rechtswidrige Weisungen auszuführen.

Die neue Landesregierung wendet sich fristgerecht an das Bundesverfassungsgericht mit dem Begehren, die Rechtswidrigkeit der Weisung festzustellen, so dass sie dieser nicht nachkommen müssen. Mit Erfolg?

Lösung

Der Antrag des Landes SH hat Aussicht auf Erfolg, wenn er zulässig und soweit er begründet ist.

I. Zuständigkeit

Da es sich um eine Streitigkeit zwischen dem Land SH und dem Bund handelt, ist ein Bund-Länder-Streit einschlägig. Das BVerfG ist nach Art. 93 I Nr. 3 GG, §§ 13 Nr. 7, 68 ff. BVerfGG für Bund-Länder-Streitigkeiten zuständig.

II. Zulässigkeit

Der Antrag müsste zulässig sein.

1. Antragsberechtigung

Das Land SH müsste zunächst nach § 68 BVerfGG antragsberechtigt sein. Dem Sachverhalt ist zu entnehmen, dass die Landesregierung Klage erhoben hat. Ferner richtet sich der Antrag auch gegen den Bund, § 68 BVerfGG. Der Bund wird durch die Bundesregierung vertreten.

2. Antragsgegenstand

Ferner müsste es sich um einen zulässigen Antragsgegenstand handeln. Dies sind rechtserhebliche Maßnahmen des Antragsgegners, also jedes Handeln, Dulden oder Unterlassen, das zu einer Rechtsfolge führt, Art. 93 I 3 GG. Vorliegend handelt es sich um eine Streitigkeit bezüglich der Bundesauftragsverwaltung, Art. 87 d GG, konkret um eine Weisung des Bundes nach Art. 85 III GG. Dies stellt eine rechtserhebliche Maßnahme dar. Folglich liegt ein tauglicher Antragsgegenstand vor.

3. Antragsbefugnis

Ferner müsste das Land SH auch antragsbefugt sein, § 69 BVerfGG i.V.m. § 64 I BVerfGG. Dazu müsste die Möglichkeit bestehen, dass Organrechte aus dem Grundgesetz verletzt wurden. Das Land rügt eine Verletzung der Grundsätze der Landesauftragsverwaltung. **Aus Art. 87 d GG ergibt sich, dass es sich bei der Luftverkehrsverwaltung um Bundesauftragsverwaltung nach Art. 85 GG handelt.** Der Bund könnte aber im vorliegenden Fall die Rechte aus der Bundesauftragsverwaltung falsch ausgeübt haben und so die Rechte des Landes SH verletzt haben. Zudem wird die Verletzung des Grundsatzes der Bundestreue gerügt. Eine solche Verletzung ist nicht von vornherein ausgeschlossen und somit möglich.

4. Vorverfahren

Im Bereich der Länderverwaltung muss ein Bundesratsbeschluss vorliegen, bevor das BVerfG angerufen werden kann, Art. 84 IV S. 1 GG. Diese Vorschrift ist hier jedoch nicht einschlägig, da es sich um eine **Weisung im Bereich der Bundesauftragsverwaltung** nach Art. 85 III GG handelt.

5. Form

Ferner müsste der Antrag gem. § 23 I S. 1 BVerfGG schriftlich beim BVerfG eingereicht und begründet werden, § 23 I S. 2, §§ 69, 64 I BVerfG. Mangels gegenteiliger Angaben im Sachverhalt ist davon auszugehen, dass die Formvorschriften eingehalten wurden.

6. Frist

Schließlich ist die Frist nach §§ 69, 64 III BVerfGG zu berücksichtigen. Diese beträgt sechs Monate. Dem Sachverhalt ist zu entnehmen, dass das Land SH fristgerecht den Antrag einreicht.

III. Begründetheit

Der Antrag des Landes SH ist begründet, soweit die Weisung des Bundes gegen das Grundgesetz verstößt, §§ 69, 67 S. 1 BVerfGG.

1. Rechtsgrundlage

Rechtsgrundlage für die Weisung des Bundes an das Land SH könnte Art. 85 III GG sein. Wie bereits dargestellt, fällt die **Luftverkehrsverwaltung nach Art. 87 d GG** unter die Bundesauftragsverwaltung. Somit ist Art. 85 III GG auch anwendbar.

2. Formelle Verfassungsmäßigkeit

Die Weisung müsste formell verfassungsgemäß sein.

a) Zuständigkeit

Nach Art. 85 III GG sind die zuständigen obersten Bundesbehörden verantwortlich. Bei der Luftverkehrsverwaltung ist somit der Bundesminister für Verkehr zuständig. Dieser hat auch gehandelt.

b) Verfahren

Fraglich ist, ob der Bund auch verfassungsgemäß gehandelt hat. Das Land SH äußert vorliegend Bedenken bezüglich eines Verstoßes gegen den Grundsatz des **bundesfreundlichen Verhaltens**. Dies ist ein ungeschriebener Grundsatz, der besagt, dass den Ländern wegen der föderalistischen Grundordnung insbesondere die Gelegenheit zur Stellungnahme gegeben werden soll. Der jeweils andere Teil soll nicht beeinträchtigt werden, seine Interessen wahrzunehmen. Hier könnte ein Verstoß gegen diesen Grundsatz vorliegen, da der Bund die Länder nicht zuvor angehört und direkt die Weisung erlassen hat, ohne die Bedenken bezüglich Gesundheit und Umwelt anzuhören.

Jedoch war die Haltung der neuen Landesregierung vollkommen offenkundig. Sie hat nach außen deutlich gemacht, dass sie keinen Ausbau vorantreiben will, und somit hätten entsprechende Gespräche nichts Neues ergeben. Auch erfordert es der Grundsatz des bundesfreundlichen Verhaltens nicht, **eine einvernehmliche Lösung zu finden**. Somit sind die Grundsätze des bundesfreundlichen Verhaltens vorliegend nicht verletzt. Formell war die Weisung des Bundesumweltministeriums verfassungsgemäß.

3. Materielle Verfassungsmäßigkeit
Ferner müsste die Weisung auch materiell verfassungsgemäß sein.

a) Gebot der Weisungsklarheit
Es war der Grundsatz der Weisungsklarheit aus Art. 85 III GG einzuhalten. Danach müssen die jeweiligen Verantwortungsbereiche klar voneinander getrennt werden. Vorliegend sind bezüglich einer solchen Trennung jedoch keine Mängel ersichtlich.

b) Verstoß gegen die Länderverwaltung
Ferner könnte jedoch ein Verstoß gegen die Grundsätze der Länderverwaltung vorliegen, Art. 85 III GG.

Das Land SH macht geltend, dass es eventuell eine rechtswidrige Weisung ausführen muss. Dies könnte problematisch sein, da es durch Art. 1 III, 20 III GG an Recht und Gesetz gebunden ist und auch die Grundrechte der Bürger berücksichtigen muss. Bei der Bundesauftragsverwaltung hat der Bund die Bundesaufsicht bezüglich **Gesetz- und Zweckmäßigkeit**. Die Länder führen hier die Weisungen des Bundes aus, Art. 85 III GG. Daher ist fraglich, ob den Ländern in diesen Fällen überhaupt ein Abwehrrecht gegen eventuell auch rechtswidrige Weisungen zustehen kann. Die Länder führen auch die Bundesauftragsverwaltung als Landesverwaltung aus. Da sie damit auch selbst angreifbar sind, wenn sie rechtswidrige Weisungen ausführen, könnte sich daher ein Abwehrrecht ergeben.

Zu beachten ist hier aber gerade der **Grundsatz der Gewaltenteilung,** wonach die Länder bei der Bundesauftragsverwaltung gerade nicht die Sachkompetenz haben. Somit ist die Sicht des Landes SH bezüglich der Sache bei der Bundesauftragsverwaltung gerade nicht zu berücksichtigen.

Jedoch sind dennoch gewisse Grenzen im Weisungsrecht nach Art. 85 III GG einzuhalten. Dies wird insbesondere dann angenommen, wenn die **Weisung mit einem immanenten Verfassungsverstoß einhergehen würde.** Dies könnte vorliegend zu diskutieren sein, da die Landesregierung eine Gesundheitsgefahr auf Grund von Lärm und Abgasen für die betroffenen Anwohner befürchtet. Es ist jedoch nicht ersichtlich, dass diese Gefahren offenkundig für die Anwohner bestehen. Es besteht auf Grund von Rechtsverordnungen die Verpflichtung, einen ausreichenden Abstand zwischen Bewohnungen und Flughafengelände einzuhalten. Ferner existieren **Lärmschutzverordnungen,** die einzuhalten sind. Alleine eine zahlenmäßige Erhöhung der Abflüge begründet noch keine verfassungsmäßige Gefahr der Gesundheit. Somit besteht kein Abwehrrecht des Landes SH gegen die Weisung des Bundes [a.A. mit guter Begründung vertretbar].

Die Weisung ist auch materiell verfassungsgemäß.

Ergebnis: Der Antrag des Landes SH ist zwar zulässig, aber nicht begründet und hat daher keine Aussicht auf Erfolg.

Sachverhalt

Die Anhänger rechtsradikaler Parteien sind enttäuscht. Aufgrund der Zersplitterung ihres Parteienspektrums sind sie kaum mehr parlamentarisch vertreten. Daher beschließt man die Gründung einer neuen Partei, der Deutschnationalen Partei (DP). Die Satzung der DP ist demokratisch verfasst und entspricht im Wesentlichen den Satzungen der im Bundestag vertretenen Parteien. Die DP rekrutiert rasch insgesamt 10.000 Mitglieder, insbesondere im Ostteil Deutschlands in Gebieten mit hoher Arbeitslosigkeit. In ihrem Programm schlägt die DP vor, mehr Arbeitsplätze durch eine Verdreifachung der Truppenstärke der Bundeswehr zu schaffen. Im Übrigen spricht sie sich für die Einschränkung des Asylrechts aus und fordert die Abschiebung straffällig gewordener in Deutschland lebender Ausländer.

Nicht in ihrem schriftlichen Programm, aber auf Parteiversammlungen und öffentlichen Kundgebungen betont der Parteivorsitzende, man müsse das „bestehende System der linken Tyrannei in Deutschland abschaffen". Dies gelänge nur, wenn man „andere Saiten" aufziehe und Bürgerrechte wie „Religionsfreiheit", die ohnehin nur von muslimischen Extremisten missbraucht würden, ein für alle Mal abschaffe. Die „linke Justiz" müsse direkt dem Bundeskanzler unterstellt werden. Wahlen seien im Grunde abzulehnen, da die Menschen nicht wüssten, was gut für sie sei. Die DP müsse ohne Wahlen an die Macht kommen, was das Grundgesetz auch nach Art. 20 IV GG erlaube. Die Ansichten des Vorsitzenden werden auch von der Führungsriege und den meisten Mitgliedern der Partei geteilt.

Kann die DP verboten werden und auf welchem Weg könnte ein Verbot erreicht werden?

Lösung

Die DP kann verboten werden, wenn ein Parteiverbotsverfahren zulässig und begründet ist.

I. Zuständigkeit

Für ein Parteiverbotsverfahren könnte das Bundesverfassungsgericht zuständig sein. Nach Art. 21 II 2 GG entscheidet das Bundesverfassungsgericht über die Frage der Verfassungswidrigkeit von Parteien. Das BVerfGG sieht hierfür ein Verfahren nach §§ 13 Nr. 2, 43 ff. BVerfGG vor.

II. Zulässigkeit

Ein Antrag müsste zulässig sein.

1. Antragsfähigkeit

Es muss ein tauglicher Antragsteller vorliegen. Nach § 43 I BVerfGG kann der Antrag, ob eine Partei verfassungswidrig ist, vom Bundestag, dem Bundesrat oder der Bundesregegierung gestellt werden.

2. Streitgegenstand

Der Antrag muss sich auf die Feststellung des Verbots einer verfassungswidrigen Partei richten, § 43 I BVerfGG. Die DP müsste also eine Partei sein. **Nach § 2 PartG ist eine Partei eine Vereinigung von Bürgern, die dauernd oder für eine längere Zeit für den Bereich des Bundes oder eines Landes auf die politische Willensbildung Einfluss nehmen und an der Vertretung des Volkes im Deutschen Bundestag oder einem Landtag mitwirken will,** wenn sie nach dem Gesamtbild ihrer tatsächlichen Verhältnisse, insbesondere nach Umfang und Festigkeit ihrer Organisation, nach der Zahl ihrer Mitglieder und nach ihrem Hervortreten in der Öffentlichkeit eine ausreichende Gewähr für die Ernsthaftigkeit dieser Zielsetzung bietet.[5] Eine Anmeldung oder Registrierung der Partei ist nicht notwendig.

Die DP ist eine Vereinigung von Bürgern, die in Zukunft auf die Geschicke des Landes Einfluss nehmen will. Sie hat mit 10.000 Mitgliedern eine nicht geringe Mitgliederzahl und weist eine gewisse Organisationsstruktur auf. Die DP tritt mit ihrem Programm und durch Kundgebungen und Veranstaltungen in die Öffentlichkeit. Ihre Zielsetzung ist als **ernsthaft** einzuschätzen, es handelt sich nicht lediglich um eine „Eintagsfliege", sondern um eine Organisation, die auf **Dauer an der Vertretung des Volkes** im Deutschen Bundestag mitwirken will. Folglich handelt es sich bei der DP um eine Partei im Sinne des § 2 PartG. Der Antrag richtet sich also auf die Feststellung eines Verbots einer Partei. Dabei handelt es sich um einen tauglichen Streitgegenstand im Rahmen des § 43 I BVerfGG.

3. Antragsbefugnis

Der Antragsteller muss geltend machen, dass er die Partei für verfassungswidrig hält. Dies ist vorliegend geschehen.

---

[5] Merken Sie sich unbedingt, dass § 2 Parteiengesetz die Definition der „Partei" enthält. Viele Studierende scheitern schon daran, dass sie „Partei" nicht definieren können. Hier gilt: Einfach ins Gesetz schauen!

Ergebnis: Der Antrag ist mithin zulässig.

III. Begründetheit

Der Antrag ist begründet, wenn die DP verfassungswidrig ist. Dies ist der Fall, wenn die DP in ihren Zielen oder nach dem Verhalten ihrer Mitglieder darauf ausgerichtet ist, die Freiheitliche Demokratische Grundordnung der Bundesrepublik Deutschland zu beseitigen oder zu beeinträchtigen oder den Bestand der Bundesrepublik Deutschland zu gefährden.

Die **Freiheitlich Demokratische Grundordnung** ist die Ordnung, die unter Ausschluss jeglicher Gewalt- und Willkürherrschaft eine rechtsstaatliche Herrschaft auf der Grundlage der Selbstbestimmung des Volkes nach dem Willen der jeweiligen Mehrheit und der Freiheit und Gleichheit darstellt. **Grundlegende Elemente sind laut Bundesverfassungsgericht:**[6]

Achtung der im Grundgesetz konkretisierten Menschenrechte

Volkssouveränität

Gewaltenteilung

Verantwortlichkeit der Regierung

Gesetzmäßigkeit der Verwaltung

Unabhängigkeit der Gerichte

Mehrparteienprinzip

Chancengleichheit für alle politischen Parteien

Verfassungsmäßige Bildung und Ausübung einer Opposition

1. Das Parteiprogramm

Die Ziele einer Partei sind u. a. ihrem Parteiprogramm zu entnehmen. Darin fordert die DP die Abschaffung des Asylrechts, die Verdreifachung der Kontingente der Bundeswehr sowie die Abschiebung von Ausländern, die in Deutschland leben und hier straffällig geworden sind. Was die Aufstockung der Bundeswehr sowie die Abschiebung von Ausländern angibt, so sind dies politische Ziele, die man teilen mag oder nicht. Etwas anderes könnte sich hinsichtlich der Forderung der Einschränkung des Asylrechts ergeben. Bei dem Asylrecht handelt es sich um ein Grundrecht. Grundsätzlich kann Art. 16 GG aber mit einer Zwei-Drittel-Mehrheit nach Art. 79 Abs. 2 GG geändert werden. Lediglich eine Änderung, durch die die Gliederung des Bundes in Länder, die grundsätzliche Mitwirkung der Länder bei der Gesetzgebung oder die in Art. 1 und 20 GG niedergelegten Grundsätze berührt werden, ist nach Art. 79 III GG

---

[6] Das müssen Sie für Klausuren auswendig wissen.

unzulässig. Eine **abstrakte Forderung** einer weiteren Einschränkung des Asylrechts ist daher **noch kein Verstoß** gegen die Freiheitlich Demokratische Grundordnung. Das Programm der DP ist also nicht verfassungsfeindlich.

2. Aktivitäten der Mitglieder

Für die Frage der Verfassungsfeindlichkeit einer Partei ist allerdings nicht allein auf ihr Programm, sondern auch auf das tatsächliche Tätigwerden ihrer Mitglieder in der Öffentlichkeit abzustellen.

Auf Parteiversammlungen und öffentlichen Kundgebungen betont der Parteivorsitzende, man müsse das „bestehende System der linken Tyrannei in Deutschland abschaffen". Auch diese Aussage ist zunächst einmal nicht besonders konkret. Daraus wird nicht deutlich, ob lediglich ein Machtwechsel an der Spitze des Staates angestrebt wird, oder ob die grundlegende demokratische Struktur der Bundesrepublik Deutschland verändert und zerstört werden soll.

Allerdings fordert der Parteivorsitzende auch die **Abschaffung der Religionsfreiheit**. Die Religionsfreiheit in Art. 4 GG gehört zu den Grundrechten. Diese können zwar geändert werden, wenn ihr Wesensgehalt unangetastet bleibt. Eine völlige Abschaffung dieses Grundrechts ist allerdings nicht möglich, da der Wesensgehalt durch Art. 1 I GG geschützt wird. Die Religionsfreiheit ist ein wichtiger Pfeiler der freiheitlichen Ordnung in der Bundesrepublik Deutschland. Wer ihre Abschaffung fordert, wendet sich gegen einen wichtigen Baustein unseres Verfassungssystems.

Darüber hinaus fordert der Parteivorsitzende **die Abschaffung der Gewaltenteilung**. Dieses Verfassungsprinzip, das in Art. 20 II 2 GG und Art. 20 III GG durch ein System der Machtverteilung zwischen den Gewalten der Legislative, Exekutive und Judikative, verankert ist, dient der Mäßigung der Staatsgewalt. Wenn man dem Bundeskanzler die rechtsprechende Gewalt unterstellen würde, läge ein Verstoß gegen das Verfassungsprinzip der Gewaltenteilung vor. Die Gewaltenteilung ist eine Ausprägung des Rechtsstaates. Wer ihre Abschaffung fordert, wendet sich gegen die Freiheitlich Demokratische Grundordnung und gegen das Grundgesetz, das in Art. 79 III GG die Abschaffung der Gewaltenteilung ausschließt.

Die Forderung nach der Abschaffung der Wahlen **verstößt gegen das Demokratieprinzip**. Nach Art. 20 I GG ist Deutschland ein demokratischer

Bundesstaat, nach Art. 20 II 1 und 2 GG geht alle Staatsgewalt vom Volke aus und wird durch Wahlen und Abstimmungen ausgeübt. Die Vorschrift des Art. 20 GG ist der Ewigkeitsgarantie nach Art. 79 III GG unterworfen. Art. 20 I-III GG kann also nicht geändert werden. Wer sich gegen ihn wendet und seine Abschaffung fordert, wendet sich gegen die Freiheitlich Demokratische Grundordnung.

Indem die Partei der Auffassung ist, sie müsse ohne Wahlen an die Macht kommen, bedeutet dies de facto eine Revolution. Dies belegt die **aggressiv-kämpferische Haltung der DP**. Die DP ist daher darauf gerichtet, die Freiheitlich Demokratische Grundordnung der Bundesrepublik Deutschland zu beseitigen. Sie ist daher verfassungswidrig.

Daher ist der Verbotsantrag begründet und hat Erfolg.

Ergebnis: Das Bundesverfassungsgericht wird auf Antrag die Verfassungswidrigkeit der DP feststellen.

Sachverhalt

Die Gewerkschaft für Erziehung und Wissenschaft (GEW) gibt eine Broschüre heraus, in der sie die Abschaffung des Deutschlandlieds als Nationalhymne fordert. Die Argumente in der Broschüre überzeugen den Bundespräsidenten. Dieser schlägt der Bundeskanzlerin vor, die alte Hymne durch das Lied der *Scorpions* „Wind of Change" zu ersetzen. Man müsse eine Verjüngung erreichen. Die Bundeskanzlerin ist begeistert, und der Bundespräsident bestimmt daraufhin, dass mit Wirkung zum 1. Januar des Folgejahres „Wind of Change" die neue Nationalhymne ist.

Die A-Fraktion, die ein Viertel der Mitglieder des Bundestages stellt, ist von dieser Entwicklung überhaupt nicht begeistigt und beabsichtigt, den Wechsel zu stoppen. Die Maßnahme des Bundespräsidenten hält sie für einen „Griff in die Mottenkiste linksradikaler Positionen". Das Deutschlandlied habe eine lange historische Tradition. Den Text schrieb August Heinrich Hoffmann von Fallersleben im Jahr 1841. Die Melodie ist das Kaiserquartett von Joseph Haydn aus dem Jahre 1797.

1952 wurde durch einen Schriftwechsel von Bundeskanzlers Adenauer und Bundespräsident Heuss das Lied in allen drei Strophen zur Nationalhymne erklärt, wobei bei offiziellen Anlässen nur die dritte Strophe gesungen werden sollte. Durch einen Briefwechsel zwischen Bundeskanzler Kohl und Bundespräsident von Weizsäcker nach der Wiedervereinigung wurde dann allein die dritte Strophe zur Nationalhymne erklärt. Die A-Fraktion kritisiert, dass die geplante neue Hymne „Wind of Change" nicht deutsch sei. Der Bundespräsident habe nicht die Befugnis, die Nationalhymne zu ändern. Eine solche Neuerung sei nur durch den Bundestag möglich. Dessen Rechte würden verletzt.

Kann sich die A-Fraktion erfolgreich wehren?

Hinweis: Dieser Fall war in ähnlicher Form Examensklausur in Sachsen-Anhalt.

Text der Nationalhymne:

1. Deutschland, Deutschland über alles, über alles in der Welt, wenn es stets zu Schutz und Trutze brüderlich zusammen hält. Von der Maas bis an die Memel, von der Etsch bis an den Belt. Deutschland, Deutschland über alles, über alles in der Welt.

2. Deutsche Frauen, deutsche Treue, deutscher Wein und deutscher Sang, sollen in der Welt behalten ihren alten schönen Klang. Uns zu edler Tat begeistern unser ganzes Leben lang. Deutsche Frauen, deutsche Treue, deutscher Wein und deutscher Sang.

3. Einigkeit und Recht und Freiheit für das deutsche Vaterland, danach lasst uns alle streben brüderlich mit Herz und Hand. Einigkeit und Recht und Freiheit sind des Glückes Unterpfand. Blüh' im Glanze dieses Glückes, blühe deutsches Vaterland!

Lösung

I. Präsidentenanklage
Die A-Fraktion könnte eine Präsidentenanklage nach Art. 61 GG anstrengen. Nach dieser Vorschrift können der Bundestag oder der Bundesrat den Bundespräsidenten wegen vorsätzlicher Verletzung des Grundgesetzes oder eines anderen Bundesgesetzes vor dem Bundesverfassungsgericht anklagen. Fraktionen sind im Rahmen von Art. 61 GG nicht antragsbefugt. Eine solche Klage ist daher unzulässig.

II. Abstrakte Normenkontrolle
Die A-Fraktion könnte ein Verfahren der abstrakten Normenkontrolle gemäß Art. 93 I Nr.2 GG, §§ 13 Nr.6, 76 ff. BVerfGG anstrengen. Der Antrag muss zulässig und begründet sein.

1. Zuständigkeit
Das Bundesverfassungsgericht ist für abstrakte Normenkontrollen aufgrund von Art. 93 I 1 Nr. 2 GG, §§ 13 Nr.6, 76 ff. BVerfGG zuständig.

2. Zulässigkeit
Die Klage müsste zulässig sein.

a) Antragsgegenstand
Es müsste sich um einen tauglichen Antragsgegenstand handeln. Dies ist der Fall, wenn es sich um eine Norm des Bundesrechts oder Landesrechts handelt, die verkündet worden ist. Fraglich ist, ob die vorliegende Anordnung des

Bundespräsidenten darunter fällt. Art. 58 I GG bestimmt, dass der Bundespräsident Anordnungen und Verfügungen treffen darf. Diese müssen dann vom Bundeskanzler gegengezeichnet werden. **Anordnungen und Verfügungen sind alle mündlichen und schriftlichen Handlungen, die der Bundespräsident als Verfassungsorgan trifft, um eine rechtliche Regelung zu erzielen.** Das Abspielen der bekannten Nationalhymne bei wichtigen Ereignissen ist protokollarisch und rechtlich vorgesehen. Die Anordnungen entfalten deshalb rechtliche Wirkung. Sie gehören damit zum Bundesrecht, indem sie vom Bundespräsidenten als oberstem Bundesorgan erlassen worden sind. Durch die abstrakte Normenkontrolle können Vorschriften aller Art überprüft werden. Die Anordnung des Bundespräsidenten, die Nationalhymne zu ändern, ist also ein tauglicher Antragsgegenstand einer abstrakten Normenkontrolle.

b) Antragsteller
Die A-Fraktion müsste antragsberechtigt sein. Nach Art. 93 I Nr. 2 GG, § 76 I BVerfGG sind die Bundesregierung, die Landesregierungen sowie ein Drittel der Mitglieder des Bundestages antragsberechtigt. Fraktionen haben kein Antragsrecht. Die A-Fraktion stellt nur ein Viertel der Mitglieder des Bundestages. Daher ist sie nicht antragsberechtigt.

Ergebnis: Die abstrakte Normenkontrolle ist unzulässig.

III. Organstreitverfahren
Die A-Fraktion könnte ein Organstreitverfahren nach Art. 93 I Nr. 1 GG, §§ 13 Nr.5 BVerfGG anstrengen.

1. Zuständigkeit
Das BVerfG ist nach Art. 93 I Nr. 1 GG, §§ 13 Nr.5 BVerfGG zuständig.

2. Zulässigkeit
Das Verfahren müsste zulässig sein.

a) Antragsberechtigung des Antragstellers
Die A-Fraktion müsste antragsberechtigt sein. Im Organstreitverfahren sind nach Art. 93 I Nr.1 GG sowie § 63 BVerfGG oberste Bundesorgane und deren Teile antragsberechtigt, soweit diese im Grundgesetz oder der GOBT mit eigenen Rechten ausgestattet sind. Die Fraktionen sind in §§ 10 ff. der GOBT mit eigenen Rechten ausgestattet.

Fraglich ist allerdings, ob die A-Fraktion eigene Rechte gegenüber einem anderen Verfassungsorgan geltend machen kann oder nur die Rechte des Organs, dessen Teil sie ist (vorliegend also Rechte des Bundestages). Es gilt der Grundsatz, dass Verfassungsorgane bei ihrem Handeln die Interessen der anderen Verfassungsorgane im Auge behalten müssen (**Grundsatz der Organtreue**). Auf Organteile müssen sie allerdings keine Rücksicht nehmen. So reicht es aus, wenn der Bundespräsident die Interessen des Bundestages wahrt. Das Antragsrecht der Fraktion im Rahmen des Organstreitverfahrens hat den Zweck, die Durchsetzung der Rechte des Bundestages prozessual zu erleichtern. Die A-Fraktion kann daher als Teil des obersten Bundesorgans Bundestag dessen Rechte im eigenen Namen geltend machen. Es liegt ein Fall der **Prozessstandschaft** vor (§ 64 BVerfGG). Die A-Fraktion ist daher als Teil des Bundestages im Rahmen eines Organstreitverfahrens antragsberechtigt.

b) Parteifähigkeit des Antragsgegners

Auch der Antragsgegner muss nach Art. 93 I Nr.1 GG sowie § 63 BVerfGG parteifähig sein. Der Bundespräsident ist nach Art. 54 GG ein oberstes Bundesorgan. Damit ist er tauglicher Antragsgegner. Fraglich ist allerdings, ob er auch der richtige Antragsgegner ist. Es könnte auch sein, dass sich die A-Fraktion gegen ein Verhalten des Bundeskanzlers wenden muss. Dieser muss die Anordnungen des Präsidenten nämlich **nach Art. 58 GG gegenzeichnen**. Ohne eine Gegenzeichnung sind die Anordnungen nicht wirksam. Durch die Gegenzeichnung übernimmt der Bundeskanzler gegenüber dem Bundestag die Verantwortung für den Inhalt der Anordnungen des Bundespräsidenten. Urheber der Anordnungen ist jedoch immer noch der Bundespräsident. Durch den formalen Akt der Gegenzeichnung des Bundeskanzlers kann diesem nicht die ausschließliche verfassungsrechtliche Verantwortung aufgebürdet werden. **Vielmehr steht der Bundespräsident selbst hinter seinen Anordnungen.** Für diese muss er auch verfassungsrechtlich geradestehen. Folglich ist der Bundespräsident der richtige Antragsgegner nach § 63 BVerfGG.

c) Rechtserhebliche Maßnahme des Antragsgegners

Der Antragsteller muss eine Kompetenzbeeinträchtigung durch eine Maßnahme des Antragsgegners im Sinne von § 64 BVerfGG rügen. Die A-Fraktion wendet ein, dass die Anordnung des Bundespräsidenten von diesem nicht hätte vorgenommen werden dürfen. Die Anordnung ist eine rechtserhebliche Maßnahme nach § 64 I BVerfGG.

d) Antragsbefugnis

Der Antragsteller muss geltend machen, durch die Maßnahme des Antragsgegners in eigenen Rechten verletzt worden zu sein. Die A-Fraktion hat vorgetragen, dass der Bundespräsident in Rechte eingegriffen habe, die ausschließlich dem Bundestag zustünden. Sie macht also eine Verletzung des Rechts der Gesetzgebung geltend, wenn sie ausführt, das Parlament habe über die Hymne zu entscheiden gehabt und nicht der Bundespräsident. Die A-Fraktion rügt also die Verletzung des Prinzips der Gewaltenteilung nach Art. 20 II GG. Eine Rechtsverletzung erscheint möglich. Damit ist die A-Fraktion antragsbefugt.

e) Form und Frist

Hinsichtlich Form und Frist nach §§ 23, 64 BVerfGG bestehen keine Bedenken.

Ergebnis: Der Antrag ist zulässig.

3. Begründetheit

Der Antrag der A ist begründet, wenn das Organ, dass sie vertritt (Bundestag) durch eine Maßnahme des Antragsgegners in grundgesetzlich garantierten Rechten verletzt wird oder unmittelbar gefährdet ist.

Das Organstreitverfahren ist also nach § 67 BVerfGG begründet, wenn die Anordnung des Bundespräsidenten, „Wind of Change" zur neuen National-hymne zu machen, Rechte des Bundestages verletzt. Es kommt eine Verletzung des Legislativrechts und damit **ein Verstoß gegen das Prinzip der Gewaltenteilung nach Art. 20 II GG** in Betracht. Es ist daher zu ermitteln, wem das Recht zusteht, eine neue Nationalhymne einzuführen. Die Nationalhymne ist, wie ihr Name schon sagt, eine bundesweite Hymne. Kraft Natur der Sache liegt die Kompetenz daher beim Bund und nicht bei den Ländern. Fraglich ist nur, welches Organ auf Bundesebene die Entscheidung über die Hymne treffen darf. Das Grundgesetz erwähnt die Nationalhymne nicht.

Nach dem **Wesentlichkeitsgebot** sind alle staatlichen Akte, die in den Kernbereich der Grundrechte eingreifen können, in ihren kennzeichnenden Voraussetzungen und Folgen generell, abstrakt und vorausgehend durch förmliches Gesetz zu regeln. Nach dem Wesentlichkeitsprinzip dürfen die wesentlichen Entscheidungen **nicht etwa von der Exekutive durch untergesetzliche Vorschriften** wie Verordnungen oder Richtlinien getroffen werden. Damit wird erreicht, dass alle wesentlichen Entscheidungen aus einem

Verfahren hervorgehen, das der Öffentlichkeit die Gelegenheit bietet, ihre Auffassungen auszubilden und zu vertreten, und die Volksvertretung anhält, Notwendigkeit und Ausmaß von Grundrechtseingriffen in öffentlicher Debatte zu klären. In bestimmten grundlegenden Bereichen muss staatliches Handeln durch Gesetz legitimiert werden. Insoweit verpflichten Rechtsstaatsprinzip und Demokratieprinzip dazu, die **wesentlichen Entscheidungen selbst zu treffen**. Der Bundestag darf sie nicht anderen Normgebern oder dem Handeln und der Entscheidungsmacht der Exekutive überlassen.

Wenn die Festlegung der Nationalhymne dem **Gesetzesvorbehalt** nach Art. 20 III GG unterläge, hätte der Bundestag die alleinige Kompetenz. Nach der Auslegung von Art. 20 III GG unterliegen dem Gesetzesvorbehalt vor allem solche Regelungen staatlicher Gewalt mit Außenwirkung, die Grundrechte in zulässiger Weise beschränken. Daraus folgt, dass die Änderung der Nationalhymne in die Kompetenz des Parlaments fiele, wenn sie Grundrechte des Einzelnen beschränken würde.

Es kommt eine **Beschränkung der allgemeinen Handlungsfreiheit nach Art. 2 I GG** in Betracht. Die Nationalhymne ist ein Staatssymbol der Bundesrepublik Deutschland. Sie soll das Staats- und Nationalgefühl ausdrücken. Die Nationalhymne wird bei Staatsempfängen gespielt, aber auch bei internationalen Sportveranstaltungen. Neben der **Repräsentation** nach außen dient die Nationalhymne auch dazu, die **Identifikation** der Bürger mit ihrem Staat zu erhöhen. Es soll ein Gemeinschaftsgefühl durch das Singen der Hymne entstehen. Da es aus Gründen der Identifikation nur eine einzige Nationalhymne geben kann, ist jeder Bürger an die Nationalhymne gebunden. Dieser Zwang ist allerdings nicht als Rechtspflicht ausgestaltet. Der Bürger **ist frei**, ob er sich mit der Hymne identifiziert und ob er die Hymne mitsingt. Er kann sich auch von der Hymne abwenden und erleidet dadurch keinen Nachteil. Während die Staatsorgane die Pflicht haben, die Nationalhymne bei bestimmten Anlässen zu spielen, steht dieser Pflicht keine Verpflichtung des Bürgers gegenüber. Folglich wird durch die Festlegung der Nationalhymne nicht in den Schutzbereich des Art. 2 I GG eingegriffen. Somit unterliegt die Festlegung der Nationalhymne nicht dem Gesetzesvorbehalt des Bundestages.

Etwas anderes könnte allerdings für die **Änderung der Nationalhymne** gelten. Seit Bundeskanzler Konrad Adenauer 1952 in einem Briefwechsel mit Bundespräsident Theodor Heuss vorgeschlagen hatte, nur die dritte Strophe des Deutschlandlieds zu singen, dessen Musik von Haydn und dessen Text von

Hoffmann von Fallersleben stammt, hat sich die Hymne etabliert. Nach dem Beitritt der DDR zur Bundesrepublik 1990 wurde in einem **Briefwechsel des Bundespräsidenten Richard von Weizsäcker mit Bundeskanzler Helmut Kohl im Jahr 1991** ausschließlich die dritte Strophe des Deutschlandliedes zur offiziellen Nationalhymne erklärt. Die Nationalhymne war also im Westen Deutschlands seit über fünfzig Jahren unverändert und die Bürger haben sich an sie gewöhnt und identifizieren sich mit ihr. Die Änderung der Nationalhymne für die ehemaligen Bürger der DDR zeigt jedoch, dass eine Veränderung möglich ist. Auch wenn das Deutschlandlied im Westen fest verwurzelt ist, kann es geändert werden. Die Auswirkungen sind nicht so einschneidend, dass eine Parlamentsentscheidung notwendig ist.

Ein **Argument für einen Gesetzesvorbehalt** könnte man der Vorschrift des § 90 a I Nr. 2 StGB entnehmen. Nach dieser Vorschrift ist die Hymne gegen Verunglimpfung **strafrechtlich geschützt**. Eine Änderung durch den Bundespräsidenten könnte daher dem Bestimmtheitsgebot aus Art. 103 II GG zuwiderlaufen. Der Begriff der Hymne muss sich durch Auslegung ohne weiteres ermitteln lassen. Momentan weiß jeder Bürger, dass die Hymne die dritte Strophe des Deutschlandliedes ist. Durch eine Änderung kann die Gefahr bestehen, dass nicht mehr bekannt ist, was von § 90 a I Nr.2 StGB unter Strafe gestellt ist. Diese Argumentation ist allerdings nicht überzeugend. Eine Änderung der Hymne führt möglicherweise dazu, dass § 90 a I Nr. 2 StGB ohne Hinweis auf die neue Hymne nicht mehr verfassungskonform ist. Daraus kann aber nicht geschlossen werden, dass für die Festlegung der Hymne der Bundestag die Kompetenz hat (a.A. vertretbar).

Der Bundespräsident hatte folglich die Kompetenz, die Hymne neu festzulegen.

Ergebnis: Das Anliegen der A-Fraktion hat mangels Begründetheit keinen Erfolg.

Sachverhalt

Da die europäische Integration stagniert, beschließen Deutschland und Frankreich als Motor der europäischen Idee, sich zu einem einzigen Staat zusammenzuschließen. Der dazu ausgearbeitete völkerrechtliche Vertrag sieht u.a. vor, dass die französische Verfassung fortan für das gesamte Territorium Deutschlands und Frankreichs gelten soll. Im Gegenzug werden alle französischen Bundesgerichte abgeschafft und deren Aufgaben deutschen Bundesgerichten übertragen. Der Bundestag und der Bundesrat beschließen das Bundesgesetz, in dem dem Vertrag zugestimmt wird, jeweils mit Zweidrittelmehrheit. Die Landesregierung des Bundeslandes A, die im Bundesrat gegen das Gesetz gestimmt hat, hält das Gesetz für verfassungswidrig. Sie will verhindern, dass vollendete Tatsachen geschaffen werden und abwenden, dass die Bundesregierung die Ratifikationsurkunde hinterlegt und der Bundespräsident das Gesetz ausfertigt.

Hat ein Antrag auf vorläufigen Rechtsschutz Erfolg?

Lösung

Die Landesregierung des Bundeslandes A könnte die Hinterlegung der Ratifizierungsurkunde mit Hilfe eines Antrags auf Erlass einer einstweiligen Anordnung vor dem Bundesverfassungsgericht nach § 32 BVerfGG verhindern. Ein solcher Antrag hat Erfolg, wenn er zulässig und begründet ist.

I. Zulässigkeit

1. Statthaftigkeit

Der Antrag auf Erlass einer einstweiligen Verfügung ist in allen Verfahrensarten statthaft. Zu prüfen ist daher nur, ob in der Hauptsache ein Verfahren vorliegt, das vor dem Bundesverfassungsgericht anhängig gemacht werden kann. Das Gesetz über die Verschmelzung von Deutschland und Frankreich kann im Wege der abstrakten Normenkontrolle nach Art. 93 I Nr. 2 GG überprüft werden. Folglich ist auch der Antrag auf Erlass einer einstweiligen Anordnung nach § 32 BVerfGG statthaft.

2. Antrag

Wenn ein Hauptsacheverfahren anhängig ist, kann das Bundesverfassungsgericht auch ohne Antrag über den Erlass einer einstweiligen Anordnung entscheiden. Ansonsten ist ein Antrag notwendig. Dieser Antrag wurde vorliegend durch A gestellt.

3. Antragsberechtigung

Der Antragsteller A müsste auch antragsberechtigt gemäß § 32 BVerfGG sein. Die Antragsberechtigung richtet sich im Verfahren nach § 32 BVerfGG nach der Antragsberechtigung im Hauptsacheverfahren. Im Rahmen eines Verfahrens einer abstrakten Normenkontrolle ist eine Landesregierung nach § 76 I BVerfGG antragsberechtigt. Dem entspricht eine Antragsberechtigung im Verfahren um den Erlass einer einstweiligen Anordnung. Folglich ist sie auch im Verfahren nach § 32 BVerfGG antragsberechtigt.

4. Keine evidente Unzulässigkeit der Hauptsache

Der Antrag auf Erlass einer einstweiligen Anordnung ist unzulässig, wenn das Hauptsacheverfahren offensichtlich unzulässig ist. Im vorliegenden Fall könnte die Hauptsache offensichtlich unzulässig sein, weil das Gesetz noch nicht verkündet wurde. Allerdings muss beachtet werden, dass der Bundespräsident den völkerrechtlichen Vertrag **nach Art. 59 I GG verbindlich abschließen** darf, wenn das Gesetz nach Art. 59 II GG verkündet wurde. Obwohl grundsätzlich nur bestehende und im Gesetzblatt verkündete Normen ein tauglicher Prüfungsgegenstand einer Normenkontrolle sein können, besteht bei völkerrechtlichen Verträgen eine **Ausnahme.** Es soll vermieden werden, dass sich Deutschland nach außen völkerrechtlich bindet, obwohl der Vertrag gegen die deutsche Verfassung verstößt. Um sich diese Peinlichkeit zu ersparen, ist ein **Antrag nach Art. 93 I Nr. 2** GG daher schon zulässig, wenn das Zustimmungsgesetz zu dem völkerrechtlichen Vertrag beschlossen worden ist. Eine offensichtliche Unzulässigkeit des Hauptsacheverfahrens ist nicht ersichtlich.

5. Keine irreversible Vorwegnahme der Hauptsache

Der Antrag nach § 32 BVerfGG ist unzulässig, wenn er die Hauptsache vorwegnimmt. Der einstweilige Rechtsschutz dient der Sicherung der Rechtspositionen. Er hat nicht das Ziel, vollendete Tatsachen zu schaffen. Dies ist dem Hauptsacheverfahren vorbehalten. Der Antragsteller will im vorliegenden Fall verhindern, dass **die Ratifikationsurkunde hinterlegt** wird und der Bundespräsident das Gesetz ausfertigt. Dem Hauptsacheverfahren wird durch eine Entscheidung über den Streitgegenstand nicht vorgegriffen.

6. Rechtsschutzbedürfnis

Nach § 32 I BVerfGG muss der Antragsteller ein besonderes Rechtsschutzbedürfnis geltend machen. Einstweiliger Rechtsschutz darf nur gewährt werden, wenn dies **zur Abwehr schwerer Nachteile**, zur Verhinderung drohender Gewalt oder aus einem anderen wichtigen Grund zum gemeinen Wohl dringend geboten ist. Außerdem darf der Rechtsschutz nicht in der Hauptsache rechtzeitig erlangt werden können. Durch die Hinterlegung der Ratifikationsurkunde wird der völkerrechtliche Vertrag zwischen Deutschland und Frankreich wirksam. Es besteht ein Interesse daran, dass keine verfassungswidrigen völkerrechtlichen Verträge in Kraft treten. Daher ist das Rechtsschutzbedürfnis für eine einstweilige Anordnung gegeben.

Ergebnis: Der Antrag nach § 32 BVerfGG ist also zulässig.

II. Begründetheit

Der Antrag der Landesregierung des Bundeslandes A müsste auch begründet sein. Dies ist der Fall, wenn eine abstrakte Normenkontrolle nicht offensichtlich unbegründet ist. Eine solche offensichtliche Unbegründetheit liegt nicht vor.

Bei offenem Ausgang des Hauptsacheverfahrens sind die Folgen, die eintreten würden, wenn die einstweilige Anordnung nicht erginge, die Normenkontrolle aber später Erfolg hätte, gegen die Nachteile **abzuwägen**, die entstünden, wenn die begehrte einstweilige Anordnung erlassen würde, der Normenkontrolle der Erfolg aber zu versagen wäre.

Bei der Aussetzung eines Gesetzes **sind strenge Maßstäbe anzulegen**, da dies ein erheblicher Eingriff in die Gestaltungsfreiheit des Gesetzgebers ist. Erginge die Anordnung nicht, hätte jedoch die Normenkontrolle später Erfolg, hätte sich Deutschland völkerrechtlich wirksam zu einem Verhalten verpflichtet, das Grundgesetzwidrig ist. Demgegenüber sind die Nachteile weniger schwerwiegend, wenn die einstweilige Anordnung erginge, obwohl das Gesetz rechtmäßig ist. Es wird dann lediglich die Wirksamkeit des Gesetzes und des völkerrechtlichen Vertrages aufgeschoben. Die Abwägung geht folglich zugunsten des Antragstellers aus.

Ergebnis: Der Antrag der Landesregierung des Bundeslandes A ist begründet.

Sachverhalt

Der Bundestag beschließt ein Raumordnungsgesetz, bei dem die Länder mehr als ein Viertel aller Ausgaben tragen müssen. Deshalb bedarf es einer Zustimmung des Bundesrates. Die Abstimmung im Bundesrat droht knapp zu werden, da das Land Brandenburg von einer großen Koalition aus SPD und CDU besteht und die CDU gegen das Gesetz ist. Der brandenburgische Minister S macht in einer Rede klar, dass er dem Gesetz nicht zustimmen werde. Das Abstimmungsverfahren im Bundesrat läuft folgendermaßen ab: Als das Land Brandenburg gem. § 29 I 2 GOBR zur Stimmabgabe aufgefordert wird, ruft der sozialdemokratische brandenburgische Minister A „Ja", während sein christdemokratischer brandenburgischer Kollege S „Nein" ruft. Der Bundesratspräsident stellt daraufhin fest, dass das Land Brandenburg nicht einheitlich abgestimmt habe und verweist darauf, dass die Stimmen eines Landes nur einheitlich abgegeben werden können. Er fragt beim Ministerpräsidenten nach, wie Brandenburg abstimmt und dieser erklärt „mit Ja". Daraufhin ruft S in den Saal: „Sie kennen meine Auffassung, Herr Präsident". Der Bundesratspräsident stellt fest, dass Brandenburg mit „Ja" abgestimmt habe. Die anderen Ministerpräsidenten protestieren. Wenn die Stimmen Brandenburgs nicht als „Ja-Stimmen" gezählt worden wären, wäre das Gesetz gescheitert. Der Bundespräsident fertigt das Gesetz aus.

Die saarländische Landesregierung hat Zweifel an dem ordnungsgemäßen Zustandekommen des Gesetzes. Die Landesregierung Bayerns will das Gesetz vor dem Bundesverfassungsgericht formell überprüfen lassen. Sie habe zwar selbst keine Zweifel an der Verfassungsmäßigkeit, aber die saarländische Landesregierung habe Bedenken. Wie wird das Bundesverfassungsgericht entscheiden?

Nehmen Sie folgende Geschäftsordnung des Bundesrates (GOBR) an!

„§ 29 Abstimmung. (1) (..) [2] Auf Verlangen eines Bundeslandes wird durch Aufruf der Länder abgestimmt. [3] Die Länder werden in alphabetischer Reihenfolge aufgerufen. (...)

§ 30 Abstimmungsregeln. (1) [1] Im Gesetzgebungsverfahren nach den Artikeln 76 bis 78 sind die Abstimmungsfragen so zu fassen, dass sich aus der Abstimmung zweifelsfrei ergibt, ob der Bundesrat mit der Mehrheit seiner Stimmen beschlossen hat, (...) einem vom Bundestag beschlossenen Gesetz zuzustimmen (Artikel 78 des Grundgesetzes) (...). (...)"

Hinweis: Nach der brandenburgischen Landesverfassung bestimmt der Ministerpräsident die Richtlinien der Politik.

Lösung

Die Landesregierung von Bayern könnte einen Antrag auf abstrakte Normenkontrolle gemäß Art. 93 I Nr.2 GG, §§ 13 Nr.6, 76 ff. BVerfGG stellen. Dieser müsste zulässig und begründet sein.

I. Zuständigkeit

Das Bundesverfassungsgericht ist für abstrakte Normenkontrollen gemäß Art. 93 I 1 Nr. 2 GG, §§ 13 Nr.6, 76 ff. BVerfGG zuständig.

II. Zulässigkeit

Das Verfahren müsste zulässig sein.

1. Antragsgegenstand

Es müsste sich um einen tauglichen Antragsgegenstand handeln. Dies ist der Fall, wenn es sich um eine Norm des Bundesrechts oder Landesrechts handelt, die verkündet worden ist. Vorliegend handelt es sich bei dem angegriffenen Gegenstand um ein **Bundesgesetz**. Dieses Gesetz ist ein tauglicher Antragsgegenstand einer abstrakten Normenkontrolle.

2. Antragsteller

Die bayerische Landesregierung müsste antragsberechtigt sein. Nach Art. 93 I Nr. 2 GG, § 76 I BVerfGG ist dies der Fall.

3. Antragsbefugnis

Nach Art. 92 I Nr.2 GG müssen Meinungsverschiedenheiten oder Zweifel hinsichtlich der Vereinbarkeit der angegriffenen Norm mit dem Grundgesetz bestehen. Die bayerische Landesregierung hat keine Zweifel an dem Gesetz. Sie wendet ein, dass die saarländische Regierung Zweifel habe. Nach dem klaren Wortlaut des Art. 93 I Nr.2 GG ist es **nicht erforderlich, dass die Zweifel beim Antragsteller bestehen**. Es reicht vielmehr aus, dass es überhaupt Zweifel an der Verfassungsmäßigkeit des Gesetzes bei einem Antragsberechtigten gibt. Dagegen normiert § 76 BVerfGG, das die Zweifel beim Antragsteller bestehen müssen.

Wie diese Divergenz zu lösen ist, ist umstritten. Einerseits könnte § 76 I Nr. 1 BVerfGG lediglich in zulässiger Weise Art. 93 I Nr. 2 GG klarstellen, so dass eine Überzeugung von der Nichtigkeit des beanstandeten Gesetzes erforderlich wäre. Andererseits kann aber die Verfassung nicht durch ein einfaches Gesetz eingeschränkt werden, so dass § 76 I Nr. 1 BVerfGG **diesbezüglich teilnichtig bzw. verfassungskonform auszulegen ist** und somit bloße Zweifel an der Verfassungsmäßigkeit – wie sie hier von der Landesregierung geltend gemacht werden – genügen.

Daher reicht es vorliegend aus, wenn die Zweifel bei der saarländischen Landesregierung bestehen. Der Antragsgrund nach Art. 92 I Nr.2 GG ist damit gegeben.

4. Form und Frist
Der Antrag muss gem. § 23 BVerfGG schriftlich eingereicht und begründet werden. Eine Antragsfrist besteht nicht.

Ergebnis: Die Zulässigkeit ist gegeben.

III. Begründetheit
Die abstrakte Normenkontrolle ist begründet, wenn das Raumordnungsgesetz mit dem Grundgesetz unvereinbar ist. Dies ist der Fall, wenn das Gesetz formell verfassungswidrig ist. (Eine materielle Prüfung ist laut Sachverhalt nicht erforderlich).

1. Zuständigkeit
Der Bund ist nach dem durch **die Föderalismusreform neu eingefügten Art. 74 I Nr. 31 GG** für die Raumordnung zuständig.

2. Verfahren
Das Gesetzgebungsverfahren müsste eingehalten worden sein. Grundsätzlich handelt es sich bei Gesetzen um Einspruchsgesetze, wenn das Grundgesetz nichts anderes bestimmt (Art. 77 III 1 GG). Ist die Zustimmung des Bundesrates erforderlich, so kommt das Gesetz nach Art. 78 GG nur zustande, wenn der Bundesrat zustimmt.

Das Raumordnungsgesetz enthält Vorschriften über die Finanzierung. Bei dem verabschiedeten Gesetz handelt es sich daher nach Art. 104 a IV 2. Halbsatz i.V.m. III 2 GG um ein zustimmungsbedürftiges Gesetz.

Fraglich ist, ob die **erforderliche Zustimmung des Bundesrates** ordnungs-gemäß erfolgt ist. Nach Art. 51 I 1 GG hat jedes Bundesland die Möglichkeit, mehrere Vertreter in den Bundesrat zu senden. Jedes Land kann nach Art. 51 III 1 GG so viele Mitglieder entsenden, wie es Stimmen hat. Das Land Brandenburg hat nach Art. 51 II GG vier Stimmen im Bundesrat. Üblicherweise werden alle Stimmen durch einen einzigen Vertreter (Stimmführer) abgegeben. Nach Art. 51 III 2 GG können die Stimmen eines Landes nur einheitlich abgegeben werden. Erfolgt keine einheitliche Stimmabgabe, sind die Stimmen nicht gültig abgegeben worden. Der Bundesrat ist ein kollegiales Verfassungs-organ. In ihm sind nicht die Länder, sondern die Landesregierungen vertreten. Die Länder wirken also nur vermittelt durch die von ihnen bestellten Bundesratsmitglieder an der Gesetzgebung des Bundes mit. Haben die Bundesratsmitglieder **von ihren Regierungen Weisungen erhalten**, so werden sie dadurch **nur im Innenverhältnis** gebunden. **Im Außenverhältnis** entfalten Abweichungen von Weisungen keine Wirkung.

Prinzipiell könnte jeder Stimmvertreter einzeln nach seinem Abstimmungs-ergebnis gefragt werden, in der Praxis hat sich jedoch herausgebildet, dass ein einziger Vertreter eines Landes die Stimmen gebündelt abgibt. Der Bundesrats-präsident nimmt somit **die Stimme eines einzelnen Bundesratsmitglieds als Stimmenabgabe für das ganze Land** entgegen, sofern nicht ein anderes Mitglied des jeweiligen Landes abweichend abstimmt. Vorliegend hat Minister A zwar mit „Ja" gestimmt, Minister S hat aber mit „Nein" widersprochen. Dadurch wurden die Stimmen des Landes Brandenburg zunächst uneinheitlich abgegeben. Dies stellte auch der Bundesratspräsident zutreffend fest.

Fraglich ist, ob der Bundesratspräsident nach dieser uneinheitlichen Stimmabgabe noch **einmal hätte nachfragen dürfen**. Der die Abstimmung leitende Bundesratspräsident kann nachfragen, wenn nicht klar ist, wie das Land abstimmen will. Dies gilt beispielsweise bei akustischen Problemen oder Übermittlungsfehlern. Vorliegend war jedoch klar, dass die beiden Vertreter des Landes Brandenburg aufgrund des politischen Dissenses in ihrer großen Koalition unterschiedlich abgestimmt hatten. Diese Uneinigkeit war keine Überraschung, da S zuvor in seiner Rede zum Ausdruck gebracht hatte, dass er gegen das Gesetz stimmen werde. Der Bundesratspräsident durfte als unparteiischer Sitzungsleiter daher nur nachfragen, wenn Klärungen nötig sind. Allen Beteiligten war allerdings bewusst, dass eine Klärung nicht möglich war. Mit der anschließenden Nachfrage an den Ministerpräsidenten überschritt der Bundesratspräsident seine Kompetenz.

Hinweis: Eine andere Auffassung ist vertretbar, dann muss geprüft werden, ob die erneute Abstimmung einheitlich war. Dies ist wohl aufgrund des Ausspruches von S „Sie kennen meine Auffassung, Herr Präsident" mit der herrschenden Meinung zu verneinen.

Auch wenn der Ministerpräsident durch die brandenburgische Landesverfassung die Befugnis erhält, die **Richtlinien der Politik zu bestimmen** und insofern gegenüber den anderen Bundesratsmitgliedern seines Landes eine herausgehobene Stellung hat, ändert dies an der Einschätzung nichts. Die **Rangverhältnisse des Landesverfassungsrechts** spielen auf der Bundesebene und damit auch im Bundesrat **keine Rolle**. Das Abstimmungsverhalten ist ausschließlich nach Bundesrecht zu beurteilen.

Jeder Vertreter im Bundesrat hat die gleiche Stellung, der Ministerpräsident kann die anderen Vertreter seines Landes nicht überstimmen. Art. 51 III 2 erwähnt nur die „anwesenden" Mitglieder, nicht den Ministerpräsidenten. Würde man eine Stimmführerschaft des Ministerpräsidenten anerkennen, bestünde abweichend von Art. 51 III 2 GG die Möglichkeit, uneinheitlich abgegebene Stimmen doch noch einheitlich abzugeben. Der Stimmführer publiziert aber nur das gemeinsame Votum, er trifft keine Entscheidung über alle Stimmen.

Die Stimmabgabe erfolgte nicht einheitlich nach Art. 51 III 2 GG. Eine uneinheitliche Stimmabgabe **ist zwar nicht verfassungswidrig, aber ungültig**. Das Gesetz ist nicht ordnungsgemäß zustande gekommen.

Folglich ist es formell verfassungswidrig.

Ergebnis: Die abstrakte Normenkontrolle ist begründet.

Notizen

Notizen